国家社科基金项目研究成果

"传播新视野"丛书

党管媒体原则在国有传媒企业治理中的实践路径及效应研究

殷琦 著

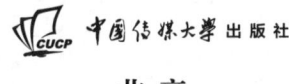
中国传媒大学出版社
·北京·

序

　　党管媒体是中国特色社会主义传媒事业的基本特征。基于我国的基本社会制度和传媒体制，坚持"党管媒体"的基本原则一直是中国传媒机构在改革过程中进行的各种观念与实践创新的前提。所以，在现行政策法规提出"把加强党的领导和完善公司治理统一起来，明确国有企业党组织在法人治理结构中的法定地位"的要求下，将党管媒体原则与国有传媒企业治理相结合并通过国有传媒企业的党组织治理实现有机整合，成为国有传媒企业进行制度安排时必须遵循的重要原则。因此，如何在国有传媒企业的制度建设特别是企业治理结构中明确党组织的角色、职能及与其他治理主体的关系，就成为当下传媒改革与发展的重要理论和实践命题。

　　厦门大学殷琦教授的《党管媒体原则在国有传媒企业治理中的实践路径及效应研究》一书正是对这一重大命题的积极回应。作为国家社会科学基金项目的研究成果，殷琦教授的研究与既有党管媒体原则研究侧重于宏观层面的规范性和经验性研究的主流路径不同，她从传媒企业治理视角出发，并聚焦于党组织治理这一我国特有的国有传媒企业制度安排，对党管媒体原则在微观企业运作中的具体实践路径及效应进行了理论、历史与实证分析，提出了自己独到的见解。该著作视野开阔，论证丰赡，逻辑严密，行文流畅，充分展现了作者的学术敏感、问题意识和理论功底。

　　对于中国的传媒机构而言，"企业治理"与"治理结构"这些概念在传媒领域的出现即宣告一场新的传媒革命的到来，显示出在文化体制改革背景下重塑市场主体与建立现代企业制度的传媒改革目标。然而，中国传媒企业治理也有其复杂性与特殊性：一方面，转企改制后成立的国有传媒企业与一般企业不同，它仍然具有鲜明的政治与意识形态属性，遵循党管媒体原则；另一方面，国有传媒企业又与传媒事业单位不同，它也要按照相关政策法规以企业的标准和要求来运营。由此，殷琦教授在对治理与传媒治理的理论发展进行耙梳的基础上，指出党管媒体原则与传媒企业治理结构相结合已成为当前传媒体制改革与企业制度建设的核心议题。这也提醒我们，对中国传媒体制及党管媒体原则的研究不能仅停留于宏观政策、话语与制度层面，还可进一步深入研究传媒企业的微观治理实践。

从历史上看，作为延安时期沿袭下来的媒体管理传统与理念，党管媒体原则一直贯穿于传媒体制与实践中。随着历史发展和时代的风云变幻，党管媒体原则的内涵也发生着动态性的调整与变化。基于对近80年中国传媒体制改革与传媒企业（组织）治理变迁的阶段性梳理，殷琦教授指出，随着中国共产党的治国理政方式过渡到"以法治国""依法治国"，传媒机构从"事业单位，企业化管理"转为"分类管理""转企改制"，党管媒体原则在传媒企业（组织）中的实践路径发生了较大转变，党组织在传媒企业（组织）层面的领导方式走向"双向进入、交叉任职"的内嵌式领导。我们只有充分梳理与把握党管媒体原则发展的历史脉络，才能真正明白当今党管媒体原则落实于实践的关键所在。

时至今日，党组织治理已成为党管媒体原则在传媒企业制度安排中的重要实践路径，但其实践情况与效应如何仍有待进一步研究。正是基于这种考虑，殷琦教授首次就党组织对国有媒体企业治理水平、经济绩效与社会效益的影响及机制展开实证研究，这也成为这本专著在研究方法上的亮点。基于对国有传媒企业经营管理者深度访谈的质性分析，以及基于国有传媒上市公司数据的量化分析，她发现党组织参与治理主要呈现出三重角色：作为监督力量的政党、作为扶持之手的政党与作为资源供给的政党。这些发现为我们理解政党与媒体关系提供了来自微观传媒企业层面的细致线索。

近年来，在提高党的执政能力和领导水平成为党在新时期的建设重点，以及多元社会思潮冲击、传媒体制改革与产业结构转型、新媒体发展带来的舆论格局改变都对党的领导提出更高要求的背景下，党管媒体原则不仅是当今中国传媒实践的立身之基，在传媒学术领域更是备受关注。相信殷琦教授的《党管媒体原则在国有传媒企业治理中的实践路径及效应研究》的出版会为中国传媒体制研究与党管媒体研究提供一种新的思路和视角，并有助于当今中国新闻传播改革的进一步深入。

是为序。

张昆

2023 年 5 月 8 日

第一章　绪　论

第一节　选题背景与研究意义 ········ 3
一、选题背景 ········ 3
二、研究述评 ········ 6
三、研究意义与价值 ········ 21

第二节　研究内容、思路与方法 ········ 22
一、主要内容 ········ 22
二、研究思路 ········ 23
三、研究方法 ········ 23

第三节　创新与贡献 ········ 24
一、研究视角的创新 ········ 24
二、研究内容的创新 ········ 25
三、研究方法的创新 ········ 25

第二章　政党与媒体的关系：传媒企业治理研究的新视角

第一节　从治理到企业治理 ································· 29
一、作为公共管理新方式的治理 ······························ 29
二、作为企业制度安排的治理 ································ 31
三、多元学科视野下的治理内涵 ······························ 35

第二节　从传媒治理到传媒企业治理 ························ 36
一、"治理"在传媒领域的出现与使用 ························· 36
二、传媒企业治理议题的提出与讨论 ··························· 39

第三节　政媒关系与传媒企业治理研究 ······················ 42
一、政治与媒体的关系：传媒体制研究的重要视角 ··············· 42
二、政党与媒体的关系：传媒企业治理研究有待突破 ············· 43

第三章　市场化改革背景下的党管媒体原则实践路径转型

第一节　中国传媒体制建立与党管媒体原则确立 ·············· 49
一、理论渊源：马克思主义新闻思想 ··························· 49
二、制度参照：苏联的传媒发展模式 ··························· 57
三、实践基础：中华人民共和国成立之前共产党的新闻实践 ······· 58
四、党管媒体原则的形成与党媒体制的建立 ····················· 60

第二节　中国传媒体制改革与党管媒体原则延续 ·············· 63
一、传媒体制改革的开启与传媒自主权诉求的提出（1978—1992） · 64
二、市场经济改革目标确立及市场化改革共识达成（1992—2003） · 66
三、文化体制改革的深入及对市场化的反思及超越（2003年至今） · 69
四、传媒体制改革特征：市场化改革与党管媒体原则的并行 ······· 72

第三节　中国传媒企业（组织）治理结构的建立与变迁 …… 75
- 一、"总体性社会"下行政型治理结构的建立 …… 76
- 二、"放权让利"推动行政型治理结构改革 …… 78
- 三、文化体制改革催生现代企业治理结构初建 …… 80
- 四、传媒治理结构改革的演进路向 …… 82

第四节　党管媒体原则在传媒企业治理中的实践历程 …… 84
- 一、党的领导在媒体中的确立 …… 85
- 二、党委会与"新三会"双轨治理初步形成 …… 87
- 三、党的领导与法人治理结构相结合要求的提出 …… 89

第四章　党组织治理与国有传媒企业治理水平的实证研究

第一节　研究问题与背景 …… 95

第二节　文献综述与研究假设 …… 97
- 一、国有传媒企业"经营者内部控制"型治理结构的形成 …… 97
- 二、国有传媒企业党组织治理对其治理水平的影响及作用机制 …… 98
- 三、制度环境的调节作用 …… 99

第三节　研究设计 …… 100
- 一、样本选择与数据来源 …… 100
- 二、变量定义和说明 …… 101
- 三、分析工具与方法 …… 105

第四节　数据分析 …… 105
- 一、党组织治理的基本情况 …… 105
- 二、党组织治理对治理水平的影响 …… 108

  三、代理成本的中介作用检验 …………………………………………… 109

  四、有调节的中介模型检验 ……………………………………………… 112

  五、稳健性检验 …………………………………………………………… 116

第五节 结论与讨论 …………………………………………………………… 116

第五章 党组织治理与国有传媒企业经济绩效的实证研究

第一节 问题的提出 …………………………………………………………… 121

第二节 文献综述与研究假设 ………………………………………………… 122

  一、党组织治理对经济绩效的影响 ……………………………………… 122

  二、资源支持与政治负担的中介作用 …………………………………… 123

  三、制度环境与冗余资源的调节作用 …………………………………… 126

第三节 研究设计 ……………………………………………………………… 127

  一、样本选择与数据来源 ………………………………………………… 127

  二、变量定义和说明 ……………………………………………………… 127

  三、分析工具与方法 ……………………………………………………… 131

第四节 数据分析 ……………………………………………………………… 131

  一、党组织治理及经济绩效的描述性统计分析 ………………………… 131

  二、党组织治理对经济绩效的影响 ……………………………………… 132

  三、资源支持与政治负担的中介作用分析 ……………………………… 135

  四、制度环境与冗余资源的调节作用分析 ……………………………… 136

  五、稳健性检验 …………………………………………………………… 140

第五节 结论与讨论 …………………………………………………………… 143

第六章 党组织治理与国有传媒企业社会效益的实证研究

第一节 问题的提出 …… 149

第二节 文献综述与研究假设 …… 150
一、传媒机构、社会责任与社会效益 …… 150
二、党组织治理对社会效益的影响 …… 153
三、资源支持与政治负担的中介作用 …… 154
四、制度环境与冗余资源的调节作用 …… 155

第三节 研究设计 …… 156
一、样本选择与数据来源 …… 156
二、变量定义和说明 …… 157
三、分析工具与方法 …… 163

第四节 数据分析 …… 164
一、国有传媒上市公司企业社会效益的基本情况 …… 164
二、党组织治理对社会效益的影响 …… 166
三、资源支持与政治负担的中介效应分析 …… 166
四、制度环境与冗余资源的调节作用分析 …… 166
五、稳健性检验 …… 173

第五节 结论与讨论 …… 173

第七章 主要发现与政策建议

第一节 主要研究结论 …… 179
一、传媒企业治理中的政党因素 …… 179

二、党组织治理方式的适应性调整 …………………………………… 180

三、党组织治理的三重角色 …………………………………………… 181

第二节 政策建议 …………………………………………………… 182

参考文献 ……………………………………………………………… 185

后 记 ………………………………………………………………… 189

第一章

绪 论

第一节　选题背景与研究意义

党的十八大以来，以习近平同志为核心的党中央多次提出和强调要"坚持和加强党的领导"，并在深化国有企业改革的相关政策与文件中进一步阐述，"把加强党的领导和完善公司治理统一起来，明确国有企业党组织在公司法人治理结构中的法定地位"。这对正在进行或新近完成转企改制的国有传媒企业提出了新的要求。另外，这些国有传媒企业也面临着在完成事业单位到企业的身份转变后，如何在现代企业制度建设特别是企业治理结构建设中明确党组织的角色、职能及与其他治理主体的关系，以继续落实党管媒体原则又避免陷入党媒不分困境的难题。由此，国有传媒企业治理中党管媒体原则的实践与党组织治理就成为当下传媒改革与发展的重大理论和实践命题。

一、选题背景

经过40余年快速发展，中国传媒产业规模发生了质的飞跃。从改革开放初期的仅数千万元[1]发展至2019年的2万多亿元。即便是在2019年，受到经济环境整体下行以及中美贸易摩擦等多重因素影响，中国传媒产业增速十多年来首次跌破两位数，但仍达到了7.95%（见图1.1）。[2]

生产力决定生产关系，生产关系反作用于生产力。中国传媒产业的发展与传媒体制改革的不断推进息息相关。改革开放以来，在回应传媒产业生产力水平不断提高对制度创新提出的要求情况下，以及制度创新进一步推动传媒产业发展的语境下，中国传媒体制经历了数次较大幅度的改革：1978年开启"事业单位，企业化管

---

[1] 赵鹤，胡维维．传媒产业：中国经济发展新引擎 [EB/OL].(2013-12-28)[2020-10-01]. https：// www.prcfe.com/web/meyw/2013%2D12/28/content%5F1043321.htm.

[2] 蓝鲸财经．《2020中国传媒产业发展报告》发布：2019年中国传媒市场规模达2.26万亿元 [EB/OL]. (2020-08-31) [2020-10-01].https：//www.sohu.com/a/415714335_250147.

理",1994年市场经济体制确立后陆续进行企业法人制度建设,2003年新一轮文化体制改革启动后实行"分类管理,转企改制"措施。在此背景下,传媒机构也在市场化改革道路上不断迈进。迄今,不仅传媒机构市场主体身份日益明确,而且完善现代企业制度建设,尤其是完善企业治理结构已成为当下传媒体制改革与发展的必然取向。

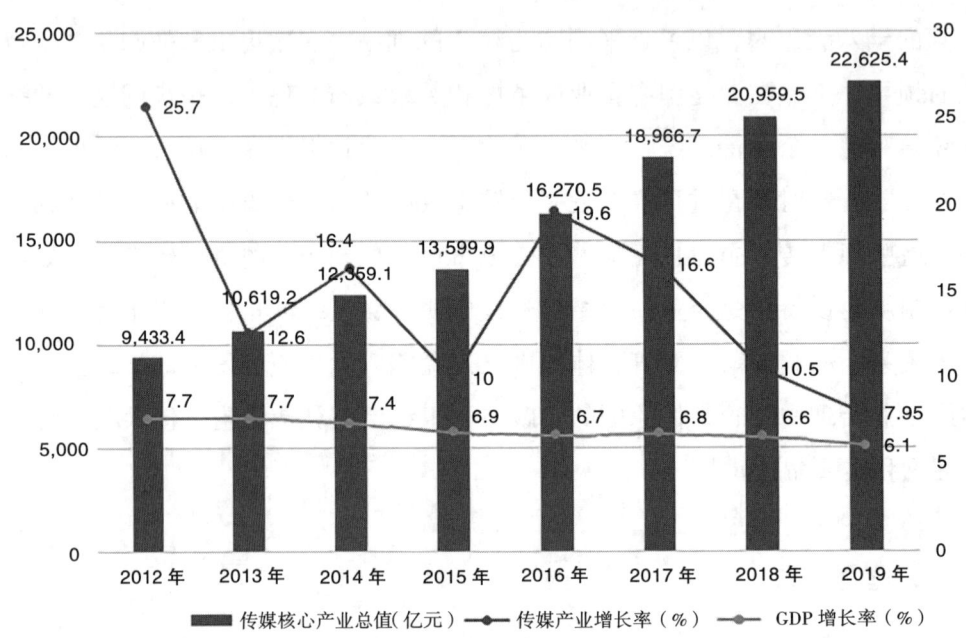

图 1.1 传媒产业规模发展趋势图

资料来源:《2020 中国传媒产业发展报告》[1]

更值得关注的是,在传媒体制改革朝向市场化方向不断深入的同时,无论是在党和政府出台的各类关于传媒体制改革的政策或文件中,还是在传媒学界与业界对传媒体制改革的相关表述中,抑或在传媒机构的具体改革实践中,"党管媒体"原则一直作为核心要义贯穿其中。20 世纪 80 年代,我国开始实施"事业单位,企业化管理",媒体的事业单位性质成为改革不可动摇的底线;20 世纪 90 年代后,在传媒机构陆续开展的"企业化""集团化"与"资本化"改革中,党报党刊在传媒集团中的"龙头"地位以及国有资本拥有传媒机构绝对控制权这两点被强调,保证了党

---

[1] 蓝鲸财经.《2020 中国传媒产业发展报告》发布:2019 年中国传媒市场规模达 2.26 万亿元 [EB/OL]. (2020-08-31) [2020-10-01].https://www.sohu.com/a/415714335_250147.

和政府对传媒企业的必要调控;[1]在2003年开启的新一轮传媒体制改革中,业界与学界在关于如何继续推进传媒分类改革以及传媒机构转企改革的论述中,也强调了"坚持党管媒体""坚持党性原则""加强党的领导"。[2]

因此,中国传媒事业、传媒机构的发展与党的事业是紧密联结在一起的。在传媒体制改革已深入转企改制、完善法人治理结构层面的情况下,在传媒企业治理中继续落实与加强党管媒体原则无论是对党的发展,还是对中国传媒事业与产业的发展都意义重大。

特别是党的十八大以来,以习近平同志为核心的党中央对中国共产党的执政经验进行了深刻总结,提出要旗帜鲜明地坚持和加强党的全面领导,把党的领导贯穿到治国理政的全部活动中。习近平同志指出,"办好中国的事情,关键在党。中国特色社会主义最本质的特征是中国共产党领导,中国特色社会主义制度的最大优势是中国共产党领导。坚持和完善党的领导,是党和国家的根本所在、命脉所在,是全国各族人民的利益所在、幸福所在"[3]。

在公司治理层面,2015年9月出台的国企改革首个配套文件《关于在深化国有企业改革中坚持党的领导加强党的建设的若干意见》中提出,要"坚持党的建设与国有企业改革同步谋划,充分发挥党组领导核心作用、党委政治核心作用、基层党组织战斗堡垒作用和党员先锋模范作用;坚持党管干部原则,从严选拔国有企业领导人员,建立适应现代企业制度要求和市场竞争需要的选人用人机制;严格落实国有企业党建工作责任制,切实履行党风廉政建设主体责任和监督责任;把加强党的领导和完善公司治理统一起来,明确国有企业党组织在公司法人治理结构中的法定地位";"把建立党的组织、开展党的工作,作为国有企业推进混合所有制改革的

---

[1] 童兵.从"外部断奶,内部搞活"说起——兼议新闻体制改革的目标设定[J].新闻知识,1998(6):23-25.
[2] 李向阳.论通向分类改革的政策创新[J].现代传播(中国传媒大学学报),2011(3);肖赞军.传媒现代企业制度由模拟到创建[J].当代传播,2007(2):41-43;郭全中.传媒单位转企改制不是终点站[J].青年记者,2008(28):21-22;钱广贵.论国有传媒企业的产权制度改革[J].中国媒体发展研究报告,2013(0):387-391;朱剑飞,胡玮.主流范式:融合发展浴火重生——加快我国新型媒体集团建设的若干思考[J].现代传播(中国传媒大学学报),2014,36(11):12-19;殷琦.1978年以来中国传媒体制改革观念演进的过程与机制——以"市场化"为中心的考察[J].新闻与传播研究,2017,24(2):104-117,128.
[3] 习近平.在庆祝中国共产党成立九十五周年大会上的讲话[J].中共党史研究,2016(7):5-12.

必要前提"。

2017年4月，国务院办公厅印发了《关于进一步完善国有企业法人治理结构的指导意见》，强调要"坚持党的领导、加强党的建设"，并提出"落实全面从严治党战略部署，把加强党的领导和完善公司治理统一起来，明确国有企业党组织在法人治理结构中的法定地位，发挥国有企业党组织的领导核心和政治核心作用，保证党组织把方向、管大局、保落实。坚持党管干部原则与董事会依法选择经营管理者、经营管理者依法行使用人权相结合，积极探索有效实现形式，完善反腐倡廉制度体系"。

以上这些规定和意见要求国有企业将党的领导与公司治理相结合的同时，也要求转企改制后涌现的一批国有传媒企业建设现代企业制度，即要将党管媒体原则与国有传媒企业治理相结合。

对于这些国有传媒企业而言，如何在塑成市场主体及完善法人治理结构的同时，进一步明确党组织的角色、职能及与其他治理主体之间的关系，以便继续落实党管媒体原则，推动国有传媒企业进一步发展，又避免陷入党媒不分困境，这成了亟待解决的难题。

由此，国有传媒企业治理中，党管媒体原则的实践与党组织治理成为当下需要予以重点讨论的理论和实践议题。

二、研究述评

与党管媒体原则在国有传媒企业治理中的实践路径主题相关的研究主要集中在三个方面：其一是党管媒体原则的相关研究；其二是传媒企业（组织）治理的相关研究；其三是党组织参与公司治理的相关研究。

（一）党管媒体原则研究述评

作为延安时期沿袭下来的媒体管理传统与理念，党管媒体原则一直贯穿于传媒体制与实践中。近年来，提高党的执政能力和领导水平成为党在新时期的建设重点，多元社会思潮的冲击、传媒体制改革与产业结构转型、新媒体的发展促使舆论格局改变，这使人们对党的领导提出更高要求，在这样的背景下，党管媒体原则在传媒研究领域备受热议。

毕志伦、徐学庆、龙军等专家与学者都明确指出了党管媒体原则在传媒领域落实的必然性和必要性。马克思主义新闻观的核心观点之一就是新闻工作要坚持党性原则。在建设中国特色社会主义的过程中，党和政府也始终将党管媒体原则作为促进媒体制度建设的重要原则与标准。从中国社会的发展来看，改革开放后，商品化与市场化改革不断深入，市场经济发展水平不断提升。在这一过程中，不仅中国社会的经济构成、组织形态、利益关系、分配方式都发生了巨大变化，而且传媒产业结构、媒体形态、舆论格局也呈现出日益多元化的趋势，各种新情况、新问题层出不穷。从世界的发展来看，世界多极化，经济全球化，多种社会思潮涌现，不仅各类媒体报道的信息庞杂，而且目前国际舆论格局呈现出"西强我弱"的特点。因此，在此语境下，能否坚持党管媒体原则，提高党对媒体的领导能力，把握正确的舆论导向关系着党的执政能力建设。[1]龙军则进一步提出，为进一步提高党管媒体的水平与效率，应继续坚持政治家办报方针，继续坚持主管主办方针，继续坚持对媒体负责人的调训，继续坚持办新闻通气会并拓宽其覆盖范围，另外，党管媒体应该是科学管理、有效管理、高效管理，体现为有多种可行的管理途径和方式。[2]

夏倩芳、芮必峰与童兵更关注传媒体制改革中党管媒体原则的呈现和实践。夏倩芳指出，"党管媒体"是中国新闻管理体制的核心，虽然"全党办报"的理念与"党办媒体"的局面在传媒体制的市场化改革中有所改变，但党管媒体原则从未动摇，一直被强调。但她同时也指出，政府管媒体有较为清晰的目标，即维护市场有序发展与实现公共利益，而党管媒体虽以维护意识形态安全与配合阶段性的政治、经济目标为目标，但对于如何实施，缺乏具体、可操作性的途径。[3]童兵从研究党管报纸出发，认为在目前的传媒制度建设中，党管媒体主要体现为党委对媒体的方针政策及意识形态的监督，对党媒领导干部的配置与管理。[4]芮必峰则进一步指出，我们不能将党管媒体中的"管"只理解为一种领导与被领导、上级与下级的权力关系，宣传管理部门和媒体之间并不是简单的主动发令与被动实施的关系，而是包括宣传管

---

[1] 毕志伦.对媒体的领导能力是党的重要执政能力[J].红旗文稿，2005(1)：2-4；徐学庆.论坚持党管媒体的原则[J].社会主义研究，2005(2)：61-64.

[2] 龙军.党管媒体的理论基础和实践探索[J].中国报业，2014(6)：55-56.

[3] 夏倩芳.党管媒体与改善新闻管理体制——一种政策和官方话语分析[J].新闻与传播评论辑刊，2004(1)：12.

[4] 童兵.中国共产党党管报纸的制度构建及其改革[J].兰州大学学报(社会科学版)，2011，39(4)：1-5.

理部门与媒体在内的权力各方相互博弈,在冲突中合作,在合作中呈现冲突的过程。[1]

魏永征、陈昌凤与杨依军考察了中国媒介法及当前媒体融合发展政策,指出中国传媒政策法规的功能是,确保与强化党管媒体原则。魏永征回顾了中国媒介法制30余年的发展历程,指出中国媒介法的主旨是"公民有自由,媒介归国家",其功能就是保证"党管媒体",而"党管媒体"落实于媒介体制中体现出的最重要特点就是:党始终掌握对重大事项的决策权,对资产配置的控制权,对宣传业务的审核权,对主要领导干部的任免权。虽然党的十六大之后,公民权利进一步发展,传媒市场化改革不断深入,但"该放开的放开,该管住的管住",党管媒体并未弱化而是加强了。[2]陈昌凤和杨依军的研究从传媒体制拓展至传媒政策,指出中国政治体制与新闻体制对中国新闻政策有着重大影响,中国共产党作为中国的执政党,在制定和实施重大决策方面发挥着重要作用。党的领导主要体现为政治、思想和组织领导,而新闻工作则是思想文化工作与意识形态工作的一部分。因此,党管媒体原则也在传媒政策中延续与发展下来。[3]

叶皓、刘伯高、刘明及高静等人则讨论了在新形势下特别是市场经济的趋利性影响增加以及新兴媒体不断崛起的背景下,党管媒体原则在新闻宣传与舆论引导工作中面临的挑战及应对措施。[4]在叶皓看来,改革开放后,媒体的市场特性越来越明显,但无论媒体管理体制与经营方式发生何种转变,党管媒体原则不能变。随着社会进步与媒体生态的变化,党管媒体的方式也要与时俱进,"善待媒体、善用媒体、善管媒体"也就成为新时代党管媒体的必然要求。[5]刘伯高指出,党管媒体原则既是中国特色社会主义制度的组成部分,也是坚持中国共产党领导的题中应有之义。虽然党管媒体原则

---

[1] 芮必峰.媒体与宣传管理部门的权力关系——以"命题作文"为例 [J].新闻大学,2011(2):27-32.

[2] 魏永征.中国媒介管理法制的体系化——回顾媒介法制建设30年 [J].国际新闻界,2008(12):75-80.

[3] 陈昌凤,杨依军.意识形态安全与党管媒体原则——中国媒体融合政策之形成与体系建构 [J].现代传播(中国传媒大学学报),2015,37(11):26-33.

[4] 叶皓.新时期党管媒体原则的与时俱进——学习李长春同志"三善论"的体会 [J].中国广播电视学刊,2010(3):5-8;刘伯高.新媒体条件下党管媒体的环境适应性研究 [J].山西大学学报(哲学社会科学版),2012,35(4):139-144;刘明.互联网时代坚持党管媒体原则的若干思考 [J].中共福建省委党校学报,2015(8):42-48;高静.新媒体传播视阈下实现党的意识形态领导权的时代逻辑与策略转型 [J].理论月刊,2015(6):22-25,31.

[5] 叶皓.新时期党管媒体原则的与时俱进——学习李长春同志"三善论"的体会 [J].中国广播电视学刊,2010(3):5-8.

不能变，但具体的管理体制、管理方式和管理结构可以改善与调整：从党管党报党刊转变为党管"天下媒体"，从党管"四权"转变为党管导向、管宏观，从党政主导的"管制"模式转变为多方参与的"治理"模式，从对舆论的刚性监督转变为遵循舆论规律的柔性引导，从主要依靠政策进行管理转变为依靠法律、规范管理。[1]刘明则从互联网等新兴媒体崛起给党管媒体工作带来的挑战这一角度考虑，认为在新环境下，可从坚持党性与人民性的统一，推动新旧媒体的融合发展，增强现代主流媒体公信力，建立扁平化政党组织结构等方面继续坚持、加强与落实党管媒体原则。[2]高静也认为，传统的主要依赖行政与组织手段对媒体进行管理和监督的党管媒体原则落实方式已难以适应新的时代与环境要求，在互联网已然崛起的新媒体时代，依然需要坚持和贯彻落实党管媒体原则，可以通过充分运用新媒体资源提高党在意识形态工作上的领导力和竞争力，建立新媒体舆论研判引导机制，提高思想宣传工作者的媒介素养，培养"意见领袖"新型人才群体等方式来进行党管媒体原则的落实与实践。[3]

总体而言，涉及党管媒体原则的研究虽在数量上颇为可观，却多侧重于宏观层面的规范性与经验性研究，缺乏对传媒企业内部制度建设及机制改革的思考。我国传媒体制改革仍处于逐步深化的过程中，并不断深入传媒企业制度建设层面，尤其是治理结构与运行机制层面。那么，党管媒体原则在国有传媒企业的制度建设中如何有效落实，特别是与其企业治理结构如何结合，以及结合效果如何就成为值得探讨的议题。

（二）传媒企业（组织）治理研究述评

在新一轮文化体制改革将经营性文化事业单位的转企改制作为其中心环节的背景下，一大批经营性传媒事业单位以企业身份进入市场，建立现代企业制度。[4]由此，作为现代企业制度最重要的制度安排的企业治理，成为文化体制改革与传媒改革的

---

[1] 刘伯高.新媒体条件下党管媒体的环境适应性研究 [J].山西大学学报（哲学社会科学版），2012，35(4)：139-144.

[2] 刘明.互联网时代坚持党管媒体原则的若干思考 [J].中共福建省委党校学报，2015(8)：42-48.

[3] 高静.新媒体传播视阈下实现党的意识形态领导权的时代逻辑与策略转型 [J].理论月刊，2015(6)：22-25，31.

[4] 郭全中.传统媒体转型的关键点研究 [J].新闻与写作，2013(11)：20-23；童兵.用马克思主义新闻观指导和推进新闻改革 [J].当代传播，2014(1)：1.

核心话语和关键议题。

回顾我国因文化体制改革启动而兴起的传媒企业治理相关研究，其议题主要集中于两个方面：其一，对传媒企业（组织）治理现状的分析与反思；其二，关于传媒企业（组织）治理模式构建的设想。

1. 对传媒企业（组织）治理现状的分析与反思

常永新、陶细泉、郭全中与陈德金等学者从规范层面对广播电视、报业等传媒集团及集团公司当前面临的治理困境进行了探讨。他们认为中国传媒企业（组织）治理带有强烈的行政治理色彩，存在党、政、企、资、事不分，国有产权主体缺位，股权结构不合理，所有权与经营权不分，"内部人控制"和"内部人斗争"并存，宣传与经营不分，激励、约束机制弱化，治理效率低下等现象。[1]

邓正华、徐小立、骆嘉和谢永珍进一步采用实证研究方法对传媒企业治理结构与绩效之间的关系进行了研究。邓正华和徐小立根据我国 11 家传媒上市公司数据，分析了国有股东、未流通股比例、董事会、监事会、独立董事、高管人员持股对传媒企业绩效的影响，并从国家适度减持传媒上市公司股份、加强董事会与监事会建设、建立健全独立董事制度、加快传媒职业经理人市场建设以及健全利益相关者利益分配机制等方面提出建议。[2] 骆嘉也以我国 A 股市场传媒上市公司为样本，对传媒上市公司股权结构和公司绩效之间存在的关系展开研究，发现第一大股东持股比例与公司绩效呈显著的倒 U 形关系，而无限售条件股权比例与公司绩效呈正相关，因此，合理优化股权结构、推动机构投资者发展、采用可转换债券筹集资金成为改善传媒企业治理、推动传媒产业发展的重要路径。[3] 谢永珍构建了治理结构、治理行为与治理绩效的关系模型，采用 1998—2010 年传媒上市公司面板数据对传媒业与相关行业机构治理绩效进行比较，研究发现，传媒上市公司以国有控股为主，呈现出鲜明的政治属性。传媒上市公司投资回报率高，但投资风险也较大。外部治理环境、内部

---

[1]　常永新. 传媒管制与传媒集团公司治理模式的构建 [J]. 南开管理评论，2003(1)：56-61；陶细泉. 中国广播电视集团运营的关键——有效治理结构 [J]. 南方电视学刊，2005(2)：3；郭全中. 传媒集团公司治理机制设计研究 [J]. 传媒观察，2008(6)：12-14；陈德金. 公司治理与传媒集团双边治理模式的构建 [J]. 现代管理科学，2010(10)：76-78.

[2]　邓正华，徐小立. 转轨制度背景下传媒企业公司治理结构问题研究 [J]. 消费导刊，2007(13)：218-219.

[3]　骆嘉. 我国传媒上市公司的股权结构与绩效关系分析 [J]. 声屏世界，2009(10)：49-51.

治理结构、行业属性、行业竞争都对传媒上市公司治理绩效有显著影响。[1]总体而言，这些研究都一致认为，当前我国传媒企业（组织）治理结构存在政企不分、产权残缺、委托人残缺、内部人控制等问题，这些问题造成了传媒企业（组织）治理的低效。

2. 传媒企业（组织）治理模式的构建

一些学者在对传媒企业（组织）治理结构存在的问题进行分析与批判的基础上，提出关于传媒企业（组织）治理模式构建的设想，如李维安和常永新构建的政府治理、外部治理与内部治理"三级治理"模式，[2]郭富建立的内部治理结构和外部治理机制相结合的综合型治理模式，[3]周劲提出的"政治"和"资本"双重逻辑下的以董事会、监事会、经理会为主体和以党委会、编委会为辅体的治理模式，[4]陈德金提倡的强调监事会与外部管理委员会治理作用的双边治理模式，[5]孔祥军提出的信用再造先行的治理模式。[6]此外，产权改革在传媒法人治理结构完善过程中的带动作用也受到了不少学者关注。[7]

第一，传媒企业（组织）的"三级治理"模式。李维安与常永新作为国内最早对传媒企业（组织）治理议题展开研究的学者，在对国内外传媒集团公司治理现状进行考察后，他们提出传媒集团的"三级治理"模式：政府治理、外部治理、内部治理相结合。首先，在政府治理方面，首要任务是确立适应市场机制的政府治理结构，使政府逐步放松对传媒业产业组织的政策管制，允许它们探索公有制的新形式；对传媒业的产业实施分类管理，并分步推进改革；消除行政性垄断现象来改善政府的治理。其次，在外部治理方面，应加强对资本市场、传媒职业经理人市场、劳动力市场等竞争性市场的利用。最后，在内部治理方面，应以社委会、监事会、编委会、经委会为基本组织架构，建立起决策层、管理层、监督层相互制约的治理结构。

---

[1] 谢永珍.传媒上市公司治理绩效——基于比较视角的研究[J].比较管理，2012，2(4)：27-52.

[2] 李维安，常永新.中国传媒集团公司治理模式探析[J].天津社会科学，2003(1)：75-79.

[3] 郭富.基于价值创造的中国传媒集团管理研究[D].天津：天津大学，2004.

[4] 周劲.传媒治理：理论与模式的中国式建构[M].北京：人民出版社，2008.

[5] 陈德金.公司治理与传媒集团双边治理模式的构建[J].现代管理科学，2010(10)：76-78.

[6] 孔祥军.传媒业的企业化运行与信用再造——现代企业制度结构的视野[J].新闻界，2003(2)：21-23.

[7] 尹世昌.报业集团：从现代产权制度到建立法人治理结构[J].山东理工大学学报(社会科学版)，2004(6)：108-111；周葆.混合所有制：中国传媒产业的一种选择[J].现代传播（中国传媒大学学报），2005(1)：129-131；丁和根.我国传媒业经济成分和产权制度改革取向分析[J].新闻大学，2007(2)：118-122.

社委会中，国家和有关投资方委派的代表履行所有者的权利，决定集团的发展战略等重大问题。社委会下设经理会和编委会，分别由总经理和总编辑负责，集团的经营活动和编辑出版活动分开。监事会作为集团的监督机构，由国家委派的代表和集团职工代表组成，对集团的编辑出版和经营管理活动进行有效监督。监事长和监事会成员不应在传媒集团内担任行政职务。如有可能，社委会可用高薪聘请专业人士充当外部监事（见图1.2）。[1]

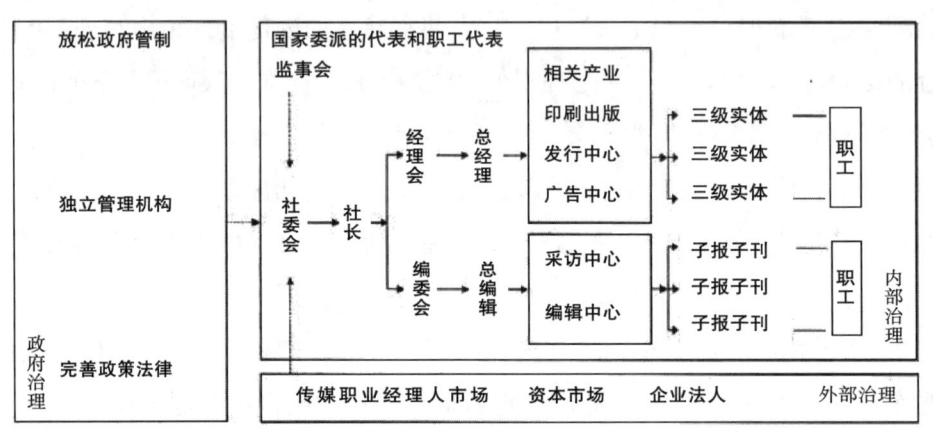

图1.2　三级治理模式

第二，综合型传媒企业（组织）治理模式。实际上，李维安与常永新提出的三级治理模式也是综合治理观下的治理模式。郭富在研究中也延续了这种综合治理观。他认为"传媒集团公司治理所要解决的主要问题是所有权与经营权分离条件下的代理问题。它通过建立一套既分权又能相互制衡的制度来降低代理成本和代理风险，防止经营者对所有者利益的背离，从而达到保护所有者的目的"。因此，他提出，中国传媒集团公司治理体系应由内部治理机制和外部治理机制共同组成，包括三种内部机制和四项外部机制共七个系统要素。在内部治理机制上，强调股东之间的制衡和利益平衡机制，强调股东对董事和董事对经理的授权、监督、激励、制约机制。在外部治理机制上，重视法律机制、监管机制、市场机制和社会机制，使它们对内部治理机制形成支持和补充（见图1.3）。[2]

第三，主体加辅体的传媒企业（组织）治理模式。中国媒体长期以来作为被动接受政府指令的行政附属物，在治理结构上遵循"政治逻辑"并呈现为行政性治理，

---

[1] 李维安，常永新. 中国传媒集团公司治理模式探析 [J]. 天津社会科学，2003(1)：75-79.
[2] 郭富. 基于价值创造的中国传媒集团管理研究 [D]. 天津：天津大学，2004：43-45.

针对这一问题，周劲提出了主体加辅体的治理模式。"双重逻辑"即"政治逻辑"与"资本逻辑"，党和政府除了追求政治利益的最大化外，还应作为资本所有者的代表，以国有股东的身份来追求股东利益的最大化。治理模式从以往的行政型治理模式过渡到契约型治理模式。主体加辅体治理模式中，董事会、监事会、经理会是传媒机构的主体治理系统，党委会和编委会则是传媒机构的辅助治理系统，即辅体。党委会与董事会职能分开，党政分开，两套班子两块牌子。党委会成员由上级党委任命，董事长可兼任党委书记，行使舆论导向权、重要人事任免权以及对董事会的监督权，不参与经营决策。编委会为党委会领导下的专门委员会，负责传媒集团的宣传业务。经理会作为执行层，其中总编辑人选由党委会和董事会决定，总经理人选由董事会决定。监事会是国资委下派传媒机构的组织，对国有资产的保值增值和经营管理进行监督。五会之间的权、责、利明确，各司其职，实行决策层、管理层、监督层相互制约的领导体制（见图1.4）。[1]

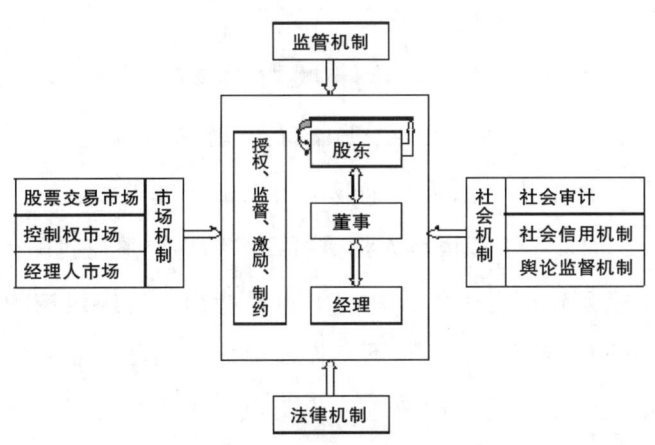

图 1.3 综合型治理模式

第四，信用再造先行的传媒组织治理模式。孔祥军指出，在中国传媒机构由"事业单位"转向"企业化经营"，再向现代企业制度转型的过程中，信用缺位现象由最初的集中出现在政治领域变为出现在政治、经济、文化等多个领域。中国传媒机构不断走向企业化发展道路的过程中，传媒机构的建制、改制问题迫在眉睫。由此，作为契约制度衍生体的信用再造必须包含在传媒机构的建制改制过程中，信用再造应该成为传媒机构企业制度与治理结构建设的重点，并成为促进传媒机构良性发展

---

[1] 周劲.传媒治理结构：制度分析与实证研究[J].现代传播（中国传媒大学学报），2005(4)：51-54.

的重要手段。[1]

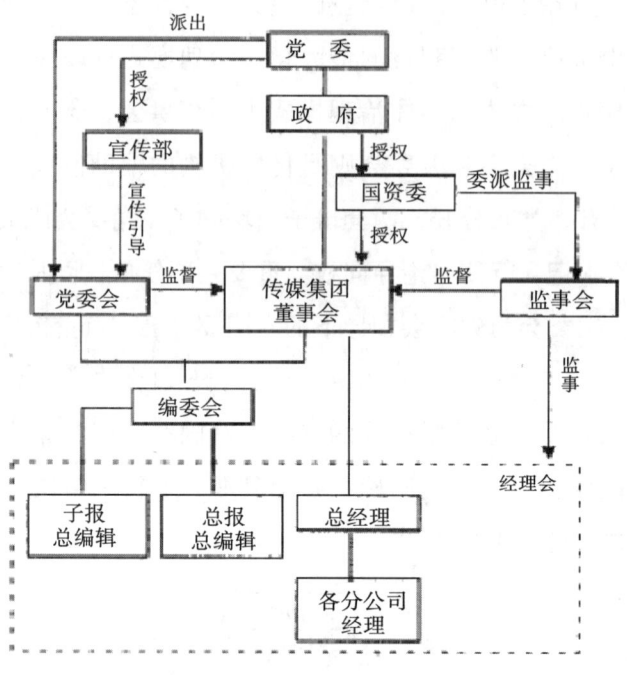

图 1.4 主体加辅体的治理模式

第五，资本结构调整优先的传媒企业（组织）治理模式。持这种观点的研究者比较多，如尹世昌、周葆、丁和根等人都重视资本结构调整在我国传媒企业（组织）治理结构建设中的基础作用及带动作用。尹世昌指出，传媒机构的事业单位性质模糊了产权界限，造成宣传工作不力与不良作风形成，因此，在将传媒机构的事业单位性质改为企业性质的基础上，还应进一步明晰产权，而国有资产授权经营是明晰产权、提高效率的重要途径。[2]周葆也认为，我国传媒集团要实现规模效益，提升竞争力，必然要寻求快速聚集资本的途径，但是单一的国有制难以满足这一要求。因此，以投资主体多元化为主要特征的混合所有制成为传媒集团未来发展的必然选择。[3]丁和根的观点与上述观点一致，他也认为，面对我国传媒机构中普遍存在的产权不清晰、

---

[1] 孔祥军.传媒业的企业化运行与信用再造——现代企业制度结构的视野[J].新闻界，2003(2)：21-23.

[2] 尹世昌.报业集团：从现代产权制度到建立法人治理结构[J].山东理工大学学报（社会科学版），2004(6)：108-111.

[3] 周葆.混合所有制：中国传媒产业的一种选择[J].现代传播（中国传媒大学学报），2005(1)：129-131.

国有股一股独大、法人治理结构不健全等问题，应当形成以国有制为主导、以股份制为实现形式的多种类别所有制并存的媒体格局，并对经营性传媒企业进行现代公司制改革，建立健全的传媒企业法人治理结构。[1]王声平还进一步对产权多元化改革提出建议，"媒体企业产权多元化改制可以通过两种方式实现：一是存量资本转让，部分国有资产和进入媒体的非国有资产置换，国家收回部分国有资产；二是增量资本投入，国有资本不动，通过外来资本的投入做大媒体，改变媒体产权结构"[2]。他认为后一种更适合我国媒体。

上述几种传媒企业（组织）治理模式的构想，都具有一定的创见及理论价值，如综合型治理模式中对于"内外治理两手抓"的强调，主体加辅体治理模式中公司治理理论与我国传媒组织治理特殊要求的结合，资本结构调整优先的治理模式对于我国传媒组织治理核心问题——产权问题的敏锐觉察等，都为后续研究奠定了良好基础，开拓了思路。

3. 传媒企业（组织）的党组织治理

在上述研究中，不少研究者也围绕转企改制过程中面临的传媒企业该如何构建党委会、工会、职代会与股东会、董事会、监事会、经理层及如何在它们之间进行权力、责任和利益分配，以形成有效制衡进而提升企业价值的传媒企业治理问题展开了研究，但对传媒企业治理中党管媒体原则及党组织治理的具体实践鲜有专门论述。相关讨论主要散见于以下三大方面内容中。

其一，在对传媒组织转企改制及传媒企业完善法人治理结构的意义及原则进行探讨时，研究者们往往从传媒行业特殊属性出发，对党的领导应以制度化的方式纳入传媒企业治理结构持一致意见。[3]

其二，在对传媒企业治理现状及问题进行论述时，部分研究者对作为党的企业治理机构的党委会与股东会、董事会与监事会权责不清，党委委员多重身份冲突等

---

[1] 丁和根. 我国传媒业经济成分和产权制度改革取向分析 [J]. 新闻大学，2007(2)：118-122.
[2] 王声平. 传媒业产权的多元化改革 [J]. 当代传播，2006(3)：43-45.
[3] 尹明华. 简单，是最好的——关于报业集团治理结构的思考 [J]. 传媒观察，2006(1)：8-10；朱春阳，李琳. 面对传媒改革：存量改革的路径规划与战略反思——兼评周劲博士的《传媒治理：理论与模式的中国式建构》[J]. 中国出版，2009(1)：21-23；宋建武. 我国传媒业规范转制的路径选择 [J]. 新闻爱好者，2012(3)：4-7；童兵. 用马克思主义新闻观指导和推进新闻改革 [J]. 当代传播，2014(1)：1.

问题进行了分析。[1]

其三，在对传媒企业治理模式构建进行讨论时，研究者们对党管媒体原则的实现途径提出不同理解。李维安与常永新将党和政府视为重要的外部治理机构，认为其主要通过政策法规实现治理；[2] 尹世昌与林忠礼强调应将党委会作为传媒企业最高权力机构，发挥其在传媒企业治理中的决策中心和舆论导向作用；[3] 而周劲与张治中则提出党委会应主要负责把握舆论导向并履行监督职能，但不参与经营决策。[4]

总体而言，虽然传媒企业治理议题在国内日益受到关注并有了丰富研究成果，但党管媒体原则在传媒企业治理中的实践研究仍有所欠缺。首先，针对性缺乏。已有研究往往从传媒企业整体治理层面入手，未见集中针对党管媒体原则及党组织治理的研究。其次，系统性缺乏。相关论述普遍集中于政策文件诠释和经验总结上，对党管媒体原则的具体实践及相关制度安排缺乏深层次与完整的学理思考。并且，相关研究仍停留于规范性判断上而缺乏实证支持，即便是传媒企业治理研究中为数不多的实证研究也仅关注企业治理对经济绩效的影响而忽视了其对社会绩效的影响的考察。客观、全面的实证研究的匮乏导致理论难以有效指导实践。

放眼国外，21世纪初西方国家传媒业爆发的一系列丑闻，如2002年时代华纳公司财务欺诈案、2005年迪士尼公司股东诉讼管理层案等，引发了人们对传媒企业治理问题的关注，相关讨论主要涉及的内容是，传媒企业的股权结构、董事会特征、管理层构成等因素对其财务绩效、战略与经营风险的影响。由于制度上的差异，西方国家传媒企业治理研究及实践并无将政治原则或政治组织纳入其中的传统。因此，西方国家传媒企业治理经验和改革实践对于我国传媒企业治理虽具有一定的启发作用，但我国传媒企业治理中党管媒体原则的实践问题，仍需结合中国情境进行思考与探索。

---

[1] 胡正荣，李继东. 我国媒介规制变迁的制度困境及其意识形态根源 [J]. 新闻大学，2005(1)：3-8；丁和根. 我国传媒业经济成分和产权制度改革取向分析 [J]. 新闻大学，2007(2)：118-122；周劲. 传媒治理：理论与模式的中国式建构 [M]. 北京：人民出版社，2008；刘年辉. 中国报业组织治理机制演进及目标模式 [J]. 国际新闻界，2009(11)：92-95；郭全中. 非时政类报刊出版单位转企改制研究 [J]. 新闻记者，2012(5)：11-16.

[2] 李维安，常永新. 中国传媒集团公司治理模式探析 [J]. 天津社会科学，2003(1)：75-79.

[3] 尹世昌. 报业集团：从现代产权制度到建立法人治理结构 [J]. 山东理工大学学报（社会科学版），2004(6)：108-111；林忠礼. 报业集团的治理结构与管理控制 [J]. 青年记者，2006(13)：53-57.

[4] 周劲. 传媒治理结构：制度分析与实证研究 [J]. 现代传播（中国传媒大学学报），2005(4).

（三）党组织参与公司治理研究述评

20世纪后半叶以来，非市场因素对国民经济与企业发展的影响日益受到学者关注。作为重要的非市场因素之一的政治和政党因素对经济与企业的影响成为经济学和管理学领域的重要议题。其中，对企业与政府或政党之间或隐或显的联系，即政治关联（Political connections 或 Political relationship）的研究日益增多。早期关于政治关联的研究主要以西方发达国家为研究对象。近年来，由于印度等新兴市场国家的崛起，关于这些国家的政治关联研究也随之兴起。事实上，既有研究表明，无论是西方发达国家还是新兴市场国家，企业与政党、政府之间的政治关联是普遍存在的，并对国民经济和企业绩效产生重要影响。[1]

由于国情和体制不同，其他国家政治关联的研究更关注政府或政党与企业间的关系。中国政治关联的研究除了关注政府背景对企业行为与绩效的影响外，近年来，在党的十八大以来不断强调"坚持和加强党的领导"的背景下，又更加关注党组织参与公司治理内容。

作为一种重要的政治关联形式——党组织参与公司治理对公司行为与绩效的影响一直受到关注。早在20世纪90年代，在公司治理结构研究中，以及公司治理实践在我国起步之时，党组织参与公司治理的相关讨论就已浮现。

在经济学领域，国内最早一批研究公司治理的学者中，卢昌崇指出，国有企业治理的关键难题是"新三会"（股东会、董事会、监事会）与"老三会"（党委会、职工代表大会、工会）之间的关系处理问题，特别是在国有企业现代法人治理结构建设中，党委会应该居于什么位置值得关注与思考。[2] 张维迎认为，公司治理结构的核心问题是委托—代理问题，即如何建立一套激励机制使得代理人为委托人的利益最大化服务。他还提出让国家成为企业的债权人。[3] 杨瑞龙从利益相关者理论出发，

---

[1] HILLMAN A J, KEIM G D, SCHULER D. Corporate political activity: a review and research agenda[J]. Journal of management, 2004, 30(6): 837-857; MARA F. Politically connected firms[J]. American economic review. 2006, 96(1); 胡旭阳. 民营企业的政治关联及其经济效应分析[J]. 经济理论与经济管理, 2010(2): 74-79.

[2] 卢昌崇. 公司治理机构及新、老三会关系论[J]. 经济研究, 1994(1): 10-17.

[3] 张维迎, 吴有昌, 马捷. 公有制经济中的委托人—代理人关系: 理论分析和政策含义[J]. 经济研究, 1995(4): 10-20.

提出国有企业治理应该遵循利益相关者合作治理逻辑，以体现利益相关者利益。[1]

刘振华和朱平都从党的建设对国有企业的影响出发进行了阐述，认为需要探索国有企业党建工作的新方法与新动力。[2]吴敬琏认为，党组织在现代企业制度中应该起到监督保障作用。[3]韩旭也指出，党组织在企业中能通过发挥政治优势，推动企业建立现代企业制度，进而推动企业良性发展。[4]朱昌裕提出，只有加强国有企业党的建设，才能保证党在企业中的政治核心地位。[5]李清均则进一步提出，在改制后的国有企业中，推动党组织发挥政治核心作用的主要途径是坚持党管干部原则与法人治理结构相结合。[6]艾瑞克·常和索尼娅·王调查基层党组织参与治理对中国上市公司绩效的影响，发现基层党组织能有效减轻大股东对公司利益的损害，因此对公司绩效的提升有促进作用，但现有基层党组织还不能有效控制大股东。同时，二人还发现，基层党组织对管理者控制水平过高，减少基层党组织的决策权有助于提高公司绩效。[7]

也有学者从政治学的视角出发，思考党的领导与公司治理相结合的议题。蒋铁柱和沈桂龙在研究中指出，党的建设和公司治理二者相结合的关键是党政领导要革新观念，建立起"领导即服务"观念与服务型政党。[8]田志龙、高勇强和卫武从政治资源的角度切入，对企业高层经理进行小组访谈和深度访谈，发现企业会采用直接参与、政治关联、提供信息咨询等方式来获得如资金、土地、企业声誉等政治资源，进而改善政治绩效。[9]

党的十八大以来，以习近平同志为核心的党中央多次强调要坚持和加强党的全

---

[1] 杨瑞龙，周业安.论利益相关者合作逻辑下的企业共同治理机制[J].中国工业经济，1998(1)：38-45.

[2] 刘振华.目前影响国有企业党建工作的几个因素及对策[J].理论探讨，1997(4)：92-96；朱平.论党的主张与国家意志的统一[J].江西社会科学，2003(7)：132-133.

[3] 吴敬琏.改进党组织在企业中的工作方式——《国有企业改革与发展》课题报告之五[J].工厂管理，1999(7)：13-14.

[4] 韩旭.国有企业中党的政治优势问题思考[J].理论与改革，1999(5)：63-66.

[5] 朱昌裕.论党在国有企业领导体制中的地位和作用[D].长春：东北师范大学，2003.

[6] 李清均.关于存续企业改革的思考[J].黑龙江省社会主义学院学报，2003(1).

[7] CHANG E C, WONG S M L. Political control and performance in China's listed firms[J]. Journal of comparative economic,2004(32)：617-636.

[8] 蒋铁柱，沈桂龙.企业党建与公司治理的融合[J].社会科学，2006(1)：144-153；蒋铁柱.论企业党建与公司治理和谐发展的制度创新[J].社会科学，2007(7)：31-39.

[9] 田志龙，高勇强，卫武.中国企业政治策略与行为研究[J].管理世界，2003(12)：98-106，127-156.

面领导，把党的领导贯穿到治国理政全部活动中。《关于在深化国有企业改革中坚持党的领导加强党的建设的若干意见》（2015）和《关于进一步完善国有企业法人治理结构的指导意见》（2017）中也提出要在国有企业中加强党的建设，将党的领导与企业治理相结合。在此背景之下，党组织参与公司治理研究进入一个新阶段。

由于相关政策文件主要强调在国有企业中加强党的建设以及将党的领导与企业治理相结合，因此，党组织参与公司治理的研究主要围绕国有企业展开，集中讨论党组织参与公司治理对国有企业的经济和社会绩效、高管薪酬、内部人控制、审计师选择、并购活动的影响。

在党组织参与公司治理对公司绩效的影响方面，马连福、王元芳和沈小秀指出，党组织参与公司治理是制约企业内部人控制的重要方式，并且党委会通过"双向进入、交叉任职"的方式参加到公司治理之中。经过实证研究发现，党委会"双向进入"与董事会效率呈正相关，而与公司治理水平呈倒 U 形关系。虽然"交叉任职"会显著影响公司治理水平，但董事长担任党委书记不利于公司治理水平的提高。[1] 黄文锋、张建琦与黄亮研究了国有企业董事会党组织治理对公司绩效的影响。他们通过对国有上市公司的实证研究发现，董事会党组织治理对董事会非正式等级平等化具有积极影响，并且在高度的环境不确定情况下，董事会非正式等级平等化又会对公司绩效形成正向显著影响。[2]

在党组织参与公司治理对高管薪酬的影响方面，马连福、王元芳和沈小秀展开了实证研究，发现党组织参与公司治理能有效降低公司高管的绝对薪酬，能压制高管攫取超额薪酬的行为，使高管与员工之间的薪酬差距缩小，有助于维护社会公平和稳定。[3] 严若森等人通过研究也发现，党组织参与公司治理能显著抑制国有企业高管的隐性腐败，而且这种抑制作用在央属国有企业中更为显著。[4] 陈仕华等学者的研究则聚焦于国有企业纪委参与公司治理对高管私有收益的可能影响上。纪委参与公

---

[1] 马连福，王元芳，沈小秀.中国国有企业党组织治理效应研究——基于"内部人控制"的视角 [J].中国工业经济，2012(8)：84-97.

[2] 黄文锋，张建琦，黄亮.国有企业董事会党组织治理、董事会非正式等级与公司绩效 [J].经济管理，2017，39(3)：6-20.

[3] 马连福，王元芳，沈小秀.国有企业党组织治理、冗余雇员与高管薪酬契约 [J].管理世界，2013(5)：100-115.

[4] 严若森，吏林山.党组织参与公司治理对国企高管隐性腐败的影响 [J].南开学报（哲学社会科学版），2019(2)：207.

司治理能显著抑制高管的非货币性私有收益的增加，而且当纪委参与监事会治理，总经理为中共党员以及在央属国有企业中，纪委参与公司治理对高管的非货币性私有收益的增加的抑制作用更为明显。[1]

在党组织参与公司治理对内部控制有效性的影响方面，吴秋生和王少华展开了实证研究，发现党组织参与公司治理程度、党组织参与董事会治理程度都和内部控制有效性呈倒U形关系，而且在有高资本混合度的国有企业与央属国有企业中，这种关系更加明显。[2]

在党组织参与公司治理对审计师选择的影响方面，程博、宣扬和潘飞从信号传递的视角展开实证研究，发现有"交叉任职"机制的国有上市公司更倾向于选择规模较大的会计师事务所，而且这一现象在业绩较好的企业中以及党委书记具有较强的政治升迁动机时表现得更加明显。[3]

此外，李世刚和章卫东观察到民营企业也普遍建立起党组织这一现象，他们对民营企业党组织参与董事会治理对审计意见的影响进行了实证研究，发现在民营企业中，党组织参与董事会治理有助于减少企业购买审计意见以及企业审计收费和超额审计收费的可能性。[4] 龙小宁、杨进、董志强、魏下海的研究都证实，民营企业党组织在保障合理的养老保险和失业保险覆盖率、人均劳动安全支出、人均失业保险支出、民营企业的个人劳动合同和集体合同的签订率以及企业人均培训费支出等方面发挥了积极作用。[5] 余威等人通过研究进一步发现，党组织参与民营企业治理有效地提升了企业的慈善捐赠水平，体现出对企业社会责任履行的积极作用。[6]

总体而言，虽然近年来党组织参与公司治理的相关研究大量增加，但是这些研究的研究对象主要为一般性企业。传媒企业（组织）治理具有自身独特的历史演进

---

[1] 陈仕华，姜广省，李维安.国有企业纪委的治理参与能否抑制高管私有收益？[J].经济研究，2014(10)：139-151.

[2] 吴秋生，王少华.党组织治理参与程度对内部控制有效性的影响——基于国有企业的实证分析[J].中南财经政法大学学报，2018(5)：50-58.

[3] 程博，宣扬，潘飞.国有企业党组织治理的信号传递效应——基于审计师选择的分析[J].财经研究，2017，43(3)：69-80.

[4] 李世刚，章卫东.民营企业党组织参与董事会治理的作用探讨[J].审计研究，2018(4)：120-128.

[5] 龙小宁，杨进.党组织、工人福利和企业绩效：来自中国民营企业的证据[J].经济学报，2014，1(2)：150-169；董志强，魏下海.党组织在民营企业中的积极作用——以职工权益保护为例的经验研究[J].经济学动态，2018(1)：14-26.

[6] 余威.党组织参与治理的民营企业更"乐善好施"吗？——基于慈善捐赠视角的实证检验[J].云南财经大学学报，2019(1)：69-87.

路径与要求，这会使得党管媒体原则落实于传媒企业（组织）并通过党组织参与企业治理方式实现时必然会呈现出一些独特之处。

鉴于此，本研究将立足于我国国情和传媒行业特殊性，对党管媒体原则在国有传媒企业治理中的实践路径及效应，从理论与实证两个层面展开系统性研究，以期提出科学适用的对策建议。

三、研究意义与价值

（一）学术价值

既有研究往往将"党和政府"或"党—国"视为一个整体纳入中国传媒体制以及传媒机构治理结构的研究范畴。"党管媒体"与"政府管媒体"往往被视为同一个概念。在官方话语、民间话语与学术讨论中，"党和政府"成为广被采用的表述。而事实上，尽管中国共产党与国家系统之间存在着重叠的部分，但在国家系统之外，也存在着广大的党员以及渗透于整个社会的党的基层组织。党组织也深深地嵌入了中国媒体机构，党委会一直是媒体的重要领导机构与治理机构，对媒体有着重大影响。

目前，国内学者对于"党委领导与法人治理结构相结合"和党组织治理这些我国特有的企业制度安排并未给予足够重视。事实上，国有传媒企业治理中党管媒体原则的实践议题与党组织治理议题极具探索性。因此，本研究可有效增加传媒企业治理研究的广度与深度，并能为传媒体制机制改革、传媒规制以及公司治理等相关研究提供理论借鉴，还能进一步丰富传媒企业治理、传媒体制机制改革以及中国特色公司治理的理论成果。

（二）应用价值

在现行政策法规的指引和要求下，"党委领导与法人治理结构相结合"是转企改制而成的国有传媒企业进行制度安排时必须遵循的原则。在国有传媒企业治理方面，针对党管媒体原则和"党委领导与法人治理结构相结合"要求均重原则性而轻操作性的现况，本研究结合理论和实证进行系统分析，为国有传媒企业治理中党管媒体原则的具体落实与党组织治理的制度建设提供建议，从而改善国有传媒企业治理，促进传媒体制改革的深入与传媒产业的健康发展。在加强和改善党的领导方面，本研究有助于人们正确认识党组织治理的职能与权责边界，有助于推动党对国有传媒企业领导的制度化与规范化，进而为党媒关系优化及党通过领导媒体提高在意识形态领域的影响力提供制度保障。

第二节　研究内容、思路与方法

本研究从我国特有的国有传媒企业制度安排和治理特征出发，力图探究在国有传媒企业治理中，党管媒体原则如何通过党组织治理落实于具体实践中，又对国有传媒企业治理水平、经济绩效和社会绩效产生了何种作用和影响，存在哪些治理优势与不足。以此形成对党管媒体原则在国有传媒企业治理中的实践路径及效应的全面、深入认识，为在国有传媒企业中有效落实党管媒体原则和发挥党组织治理作用，以及国有传媒企业治理的改革与完善提供对策建议。

一、主要内容

本研究的内容主要涵盖四个部分。

第一部分介绍了传媒企业治理研究的理论转向。该部分在对治理这一概念的内涵和外延及其在中国传媒领域的应用进行梳理与分析的基础上，对关于国有传媒企业治理、党管媒体原则以及党组织治理的关键概念、相关理论及争议之处进行梳理评析。在此基础上，该部分又对国有传媒企业治理与党管媒体原则的耦合度进行了分析，并阐述了国有传媒企业中党组织治理的现实性与必要性，为研究构建理论基础与逻辑框架。

第二部分内容为国有传媒企业治理中党管媒体原则的实践路径转型与逻辑分析。在传媒事业单位向国有传媒企业转型的宏观背景下，该部分通过回顾国有传媒企（事）业中党组织治理的演变历程，审思国有传媒企业治理中党管媒体原则实践路径转型的特征与主导逻辑。

第三部分内容为国有传媒企业治理中党管媒体原则的实践效应分析。该部分结合国有传媒企业的特殊属性和治理实践，对当前国有传媒企业中党组织治理的路径、方式、作用以及效果进行深度理论剖析，并通过深度访谈和分析传媒上市公司数据对当前国有传媒企业中党组织治理的具体机制及其对国有传媒企业治理水平、经济绩效与社会效益的影响展开实证研究，以衡量党管媒体原则的实践效应，其中存在的问题及工作难点，并为研究提供经验数据支持。

第四部分内容为国有传媒企业治理中党管媒体原则的落实策略研究。该部分基于前期理论分析和实证研究结果，充分考虑国有传媒企业的属性及条件，科学地界定国有传媒企业党组织的角色、职能及权责边界，并给出改进党组织治理的基本思路，然后，针对党组织治理中出现的突出问题提出具体对策，为党管媒体原则的落实提供可操作性的建议。

二、研究思路

本研究的操作思路与技术路线如图 1.5 所示。

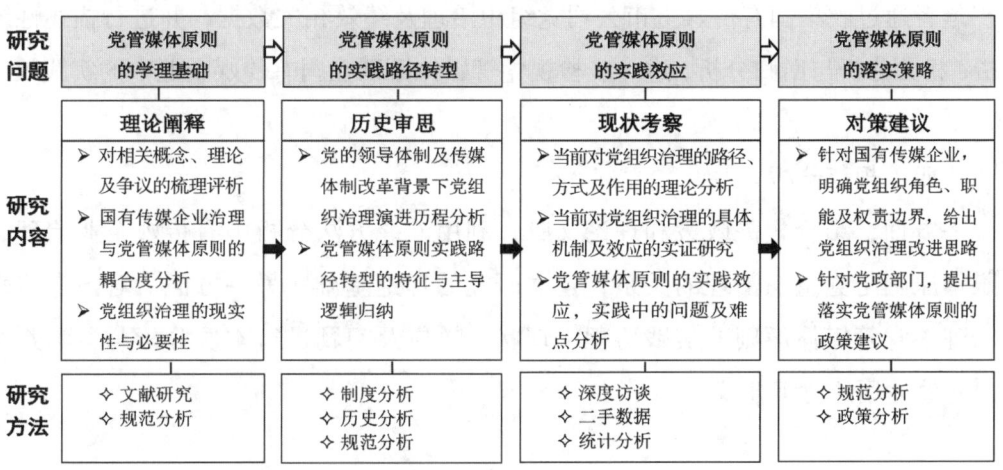

图 1.5　本研究的操作思路与技术路线图

三、研究方法

本研究将融合新闻传播学、经济学、管理学、党建理论等多学科的理论、方法和成果，强调规范分析和实证研究的结合，使研究更切合我国实际与国有传媒企业治理实践。主要研究方法有制度分析、深度访谈、统计分析和规范分析。

（一）制度分析

关注制度背景、制度演进与制度多样性对党管媒体原则及党组织治理的约束和影响，以获得对国有传媒企业治理中党管媒体原则的实践路径及效应的总体性把握，并提出更合适的改进思路及对策。

（二）深度访谈

2018—2020年，笔者赴北京、上海、杭州、宁波、福州、厦门等地对部分国有传媒企业的高层管理者——董事长、党委书记、总经理等——进行深度访谈，形成对党管媒体原则在国有传媒企业中的实践状况的初步判断，以此回应、修正此前的理论分析结论。

（三）统计分析

笔者通过收集国有传媒上市公司党组织治理及绩效相关数据，并进行描述性统计分析、相关分析与回归分析，进一步检视党管媒体原则在国有传媒企业中的实践效应。

（四）规范分析

一方面，结合相关政策和理论文献，利用演绎方法分析国有传媒企业治理、党管媒体原则与党组织治理的关系，建立研究的理论基础；另一方面，对国有传媒企业治理中党管媒体原则的实践历程、现状、效应及问题进行本质分析与科学判断，提出有效适用的对策建议。

第三节 创新与贡献

一、研究视角的创新

本研究对"党管媒体原则在国有传媒企业治理中的实践"这一我国特有的企业治理议题进行探索性研究，并聚焦于党管媒体原则与党组织治理议题。这突破了此前的研究以西方经典公司治理理论为论述框架，主要关注董事会、监事会及经理层制度建设的视野限制，还将加强和改善党的领导这一议题拓展开来并落实于国有传媒企业治理研究中，为传媒企业治理以及党的建设相关研究提供了新的研究视角。

二、研究内容的创新

本研究超越了既有传媒企业治理研究乃至公司治理绩效研究只关注企业经济绩效的拘囿，重视国有传媒企业党组织治理对企业经济与社会绩效的影响，并关注了党组织治理对国有传媒企业治理水平的作用，并将制度环境和冗余资源作为情境因素纳入其中。这既有助于我们形成对党管媒体原则的实践效应的全面且客观的评价，又为我们理解不同情境下政党影响媒体的机制提供了参考。

三、研究方法的创新

本研究在理论分析基础上，进一步采用深度访谈、统计分析等实证研究方法，系统考察并评价国有传媒企业治理中党管媒体原则与党组织治理的实践状况及效应，使得研究更为准确地反映出国有传媒企业治理现实，并为后续相关研究提供方法上的借鉴。

本研究对国有传媒企业中党组织治理的作用机理、具体边界及改进思路做出初步探索，可有效解决当前党管媒体原则的实践与党组织治理尚缺乏科学系统的制度规范的难题。

第二章

政党与媒体的关系：传媒企业治理研究的新视角

"治理"已成为传媒实践与研究的重要课题,但这一概念本身既松散又模糊,其理论渊源亦涉及众多学科与理论流派。伴随着中国传媒业的改革与发展,"治理"的内涵从传统的"统治"向着更为深远的含义发展,并清晰地呈现出两种研究路径:一是政治学与公共管理领域的治理理论研究路径;二是经济学与企业管理领域的公司治理研究路径。因此,我们只有在厘清"治理"概念的内涵及其发展历程的基础上,才能对传媒企业治理的内涵及可突破之处展开讨论。

第一节 从治理到企业治理

21世纪以来,随着中国传媒体制改革的不断深入,"治理"一词在中国逐渐兴起并被广泛应用于与传媒行业相关的政府文件、纲要、规划以及学术论著中。传媒研究者和从业者对其关注也与日俱增。在"治理"一词兴起并日趋流行的过程中,"治理"的话语概念甚至理论旨趣都发生了转变。

本节将在对中国传媒领域中"治理"一词的使用予以梳理与分析的基础上,对"治理"这一以模糊性及复杂性著称的词语抑或说是相对零散与多元的理论做出尝试性解读,从中探求治理内涵演变与中国传媒改革理念和实践的历史关联,以此对传媒企业治理议题的兴起形成更为深入的理解。

一、作为公共管理新方式的治理

尽管"治理"属于当前的潮流词汇,但是倘若追根溯源,"治理"一词无论是在中国还是在西方都出现甚早。在中国,先秦典籍《荀子·君道》中记载,"明分职,序事业,材技官能,莫不治理,则公道达而私门塞矣,公义明而私事息矣",其中就可见"治理"一词。另如《汉书·赵广汉传》中的"壹切治理,威名远闻",《孔子家语·贤君》中的"吾欲使官府治理,为之奈何",在这些早期思想中,"治理"都有"管理、统治"之意。在西方,"governance"(治理)的拉丁词根"gubernare"原为"掌舵"之意,指控制、引导和操纵的行动或方式。

因此,在中西早前的使用中,"治理"(governance)和"统治"(government)

属同义词，并且主要用于与国家公共事务相关的管理活动和政治活动中。它们所指的都是一种正式而制度化的过程，并在民族国家的层次上运作，其目的在于维持公共秩序和便于处理集体行动上的问题。[1]但是长期以来，"治理"作为"统治"的同义词，一直处于一种低调的使用状态之中，并未构建起理论体系。

直至20世纪八九十年代，伴随着政府管理的僵化和失效、政治经济全球化，传统的民族国家、国家主权、政府体制和管理方式都面临着严峻挑战，国家与社会之间的关系呈现出新的结构形态。国际、国内社会公共秩序的管理难以由传统的国家政府来完成，不同利益主体之间的合作、全球治理机制等都开始发挥作用。

于是，在政治学与公共管理研究领域，"治理"替代"统治"，被视为看待和理解公共管理的新方式。同时，治理理论体系也逐渐形成。

罗西瑙（Rosenau）认为，治理有别于强调权威的统治，它是一种强调协作、参与和互动的模式。它"是由共同的目标所支持的活动，而这个目标不一定为法律所正式规定，而且也不一定需要依靠强制力量"[2]。塞纳柯林斯（Senarclens）与罗西瑙持近乎一致的看法，认为治理"反映这样一种观念：各国政府并不完全垄断一切合法的权力，社会上还有一些其他机构和单位负责维持秩序，调节经济和社会。现在行使这些职能的是多种多样的政府性和非政府性组织、私人企业和社会运动。它们一起构成本国与国际的调节政治、经济和社会的形式"[3]。克勒科赫（Kohler-Koch）将治理看作"关于不同公民的偏好意愿转化为有效政策选择，多元社会利益如何转化为统一行动以及社会行为体如何实现服从的方法手段"[4]。

斯托克（Stoker）也认为，"治理的本质在于，它所偏重的统治机制并不依靠政府的权威或制裁"[5]，他还引用了库伊曼和范·弗利埃特对于治理的论述，"治理，它所要创造的结构或秩序不能由外部强加；它之发挥作用，是要依靠多个进行统治

---

[1] STOKER G. Public-private partnerships and urban governance[J]. Partnerships in urban governance: european and American experiences, 1998: 34-51.

[2] ROSENAU J N. Governance without governement: order and change in world politics[M]. London: Cambridge University Press, 1994: 4.

[3] SENARCLENS P D. Governance and the crisis in the international mechanisms of regulation[J]. International social science journal, 1998, 50(155): 91-104.

[4] KOHLER-KOCH B, EISING R. The transformation of governance in the european union[M]. London: Routledge, 1999: 14.

[5] STOKER G. Partnership in urban governance[M]. New York: Stmartin's Press, 1998: 34-51.

的以及互相发生影响的行为者的互动"。

虽然这些学者阐述的方式与思考的背景各异，从中也难以找到一个统一的政治体系，但其中仍然隐含了一个政治进程："治理"是在众多不同利益相关者共同发挥作用的领域建立一致或取得认同，以便实施某项计划。

总体而言，在西方治理理论视角下，政治与公共管理领域中的"治理"一般是"官方或民间的公共管理组织在一个既定的范围内运用公共权威维持秩序，满足公众的需要。治理的目的是在各种不同的制度关系中运用权力去引导、控制和规范公民的各种活动，以最大限度地增进公共利益。所以，治理是一种公共管理活动和公共管理过程，它包括必要的公共权威、管理规则、治理机制和治理方式"[1]。与"统治"所强调的源于法规命令的政府权威及民族国家层次上自上而下的权力运行不同，治理是一个上下互动的管理过程，它主要通过合作、协商、建立伙伴关系、确立认同和共同目标等方式实施对公共事务的管理。治理的实质在于在市场原则、公共利益和认同之上建立合作。它所拥有的管理机制的运行主要不依靠政府的权威，而是合作网络的权威。[2]

二、作为企业制度安排的治理

在20世纪80年代以来的经济自由化、放松规制、经济全球化加速等历史语境下，各国的公司治理实践发生了深刻变革，使得"治理"同样也受到了经济学家和管理学家的广泛关注，成为近些年来经济与管理领域的热点话题之一。

制度经济学派的代表人物威廉森（Williamson）将治理视为制度框架，一次交易或一组相关交易的完整性就是在这个框架中被决定的。[3]而以比较制度研究闻名的青木昌彦指出，"即便在发达的市场经济环境下，私有产权和合同也不仅仅由正式的法律系统来执行。各种各样的治理机制——无论是私人的还是公共的、正式的还是非正式的，它们作为制度安排的复合体同时发挥作用"[4]。因此，"治理"在经济学与管理学领域更多地被视为一种企业内的制度安排。

---

[1] 俞可平.当代西方政治理论的热点问题 [J].理论参考，2003(1)：29-31.
[2] 俞可平.治理和善治引论 [J].马克思主义与现实，1999(5)：37-41.
[3] 威廉森.治理机制 [M].王健，方世建，译.北京：中国社会科学出版社，2001.
[4] 青木昌彦.比较制度分析 [M].周黎安，译.上海：上海远东出版社，2001.

随着时间的迁移、社会的发展与企业形态的变化，企业治理理念及研究取向发生了相当大的变化。一般而言，企业治理理论被认为主要存在两大主流取向："股东至上"与"利益相关者"。不少学者如弗里曼（Freeman）、布莱尔（Blair）、泰勒（Tirole）与杨瑞龙等人，都认同当下正发生着由"股东至上"理论向"利益相关者"理论的转向，利益相关者共同治理代表着企业治理的发展趋势。[1]

事实上，企业治理理念最早可追溯至20世纪30年代。1932年，伯利（Berle）和米恩斯（Means）在《现代公司与私有财产》中，首次对所有权和控制权这一企业治理核心问题进行了论述，提出了著名的"所有权与控制权分离"论点。他们指出，两权分离在带来经济上高效率的同时，也导致管理者利益与所有者利益相背离，必须设置合理的企业治理制度来保障所有者利益，[2] 这被学术界认为是企业治理产生的标志。伯利和米恩斯的研究成果不仅促成了美国《1933年证券法》（Securities Act of 1933）中"保护分散股东免受职业经理人伤害"这一基本目标的确立，还推动了股东至上理论和企业治理研究的兴起，如何理解、衡量和解决股东与管理层之间的利益冲突以提升股东及企业价值成为学者重点关注的议题。

股东至上理论遵循"资本雇佣劳动"的逻辑，认为向企业投入资金的股东是企业的唯一所有者，于是企业的治理目标就是保护股东利益和实现股东利润最大化，企业的收益权抑或控制权分配，都应以维护股东利益为前提。由此，企业的剩余控制权与索取权的所有者应是股东。在此种逻辑下，股东就必然享有单方面的监督权和控制权，在股东至上理论指导下建立起来的企业治理模式又被称为单边治理模式。总体而言，股东至上理论与工业经济时代股东所能提供的物质资本具有相对稀缺性和专用性有关。因此，物质资本所有者在企业权利博弈中居于主导地位。物质资本所有者也就是股东，必然拥有企业的所有权，股东成为唯一的治理主体。

从股东至上理论出发，良好的企业治理体现为能解决逆向选择与道德风险问题，能选择最优能力的管理者，并使他们对投资者负责。所以，对股东至上的公司治理

---

[1] FREEMAN E, LIEDTKA J. Stakeholder capitalism and the value chain[J]. European management journal, 1997, 15(3): 286-296; BLAIR J D, FOTTLER M D, LAZARUS S S, et al. Strategic stakeholder management. First round results from "facing the uncertain future"[J]. Medical group management journal, 1995, 42(3): 8-16, 20.

[2] BERLE A A, MEANS G G C. The modern corporation and private property[M]. New Brunswick: Transaction Publishers, 1991.

中所暴露出的管理者垄断权力、董事会不独立、竞争短视等治理问题，已有的改革实践与研究提议往往围绕少数大股东适度持有股权、发挥机构投资者的作用、健全控制权市场竞争机制与信息披露机制、普及独立董事制度、加强董事会独立性等方面来解决。然而，在实践中，大股东对小股东利益侵占、追逐短期收益与损害社会公众利益等治理问题积重难返。[1]

随着社会的发展与现代企业理论研究的深入，股东至上理论的统治地位正受到利益相关者理论的挑战。一方面，现代企业与社会的关系日益紧密，在很多国家和地区，跨国集团公司的影响力甚至超过了受到有形边界制约的政府的影响力。同时，随着生产与交易的社会化，企业通过股份制和上市运作等方式，逐渐成为公众公司和公共公司，对国家政治、社会经济活动以及市民生活的影响增加，很多涉及人类社会生存和发展的共同问题的解决，比如环境保护、能源节约、技术创新与扩散、社会公平、区域均衡，甚至种族平等、反性别歧视等，都离不开企业的参与。这反过来要求企业不仅应该对自身的经营负责，同时还应该对全球社会和属地社会的可持续发展负责。在这种理念的指导下，企业不再仅是为股东谋取利益的理性组织，更应该成为对人类社会发展的各个方面负责的组织。所以，企业应承担社会责任的观念为人们广泛接受，大部分企业也开始通过履行社会责任寻求改善公司经营的环境。同时，强调企业在追求私利的同时也要对社会负责的利益相关者理论越来越受到重视。

另外，现代企业理论把企业理解为实现利益群体之间隐性与显性契约联结的组织。这些利益群体不仅包括股东、经理人、雇员和债权人，还包括客户、供货商、社区居民以及政府等。他们都成为企业的利益相关者。从这一认识出发，弗里曼（Freeman）、布莱尔（Blair）、泰勒（Tirole）等学者都认为，既然企业的经营决策影响到所有的利益相关者，企业就不能仅为股东利益最大化服务，而应对所有的利益相关者负责，这就形成了与传统的股东价值最大化原则相对的利益相关者理论。[2] 由此，企业治理理论从股东至上理论向利益相关者理论转移，认为在所有者和

---

[1] 殷琦. 美国传媒公司的治理模式、危机审思与改革取向——从新闻集团的实践谈起[J]. 新闻界, 2019(5)：84-92.

[2] FREEMAN E, LIEDTKA J. Stakeholder capitalism and the value chain[J]. European management journal, 1997, 15(3)：286-296；BLAIR J D, FOTTLER M D, LAZARUS S S, et al. Strategic stakeholder management. First round results from "facing the uncertain future"[J]. Medical group management journal, 1995, 42(3)：8-16.

经营者分离的背景下，不应把控制权交给股东后再转移给管理者，应将管理者从股东的压力中解脱出来；应将更多的权力交给其他利益相关者，如雇员、债权人，甚至顾客、供货商以及相关社区；而管理者在承担更为广泛的治理责任的同时，需要与利益相关者分享控制权，通过协同、合作和共同参与，实现利益相关者的共同治理。

表 2.1 利益相关者理论研究进程

时期	观点内容	讨论议题	代表人物
20世纪60—80年代	利益相关者是企业生存的必要条件，与企业是互相依存的关系	讨论谁是企业的利益相关者，这些利益相关者分别具有怎样的属性。	莱茵曼（Rhenman），安索福（Ansoff），普费弗（Pfeffer），萨兰西克（Salancik）等
20世纪80—90年代中期	强调利益相关者在企业运作中的作用	企业面对不同类型的利益相关者的管理策略	弗里曼（Freeman），古德巴斯德（Goodpaster），阿尔哈法吉（Alkhafaji），克拉克森（Clarkson），盖特伍德（Gatewood），卡罗尔（Carroll），沃蒂克（Wartick），科克伦（Cochran），贾瓦哈尔（Jawahar），马劳克林（MaLaughlin）等
20世纪90年代至今	企业和利益相关者的利益关系是不断变化的，应该动态看待利益相关者	分析利益相关者的利益要求究竟有哪些，这些利益要求的实现情况如何以及对企业绩效产生了哪些影响	米切尔（Mitchell），阿戈尔（Agle），伍德（Wood），唐纳森（Donaldson），普雷斯顿（Preston），琼斯（Jones），威克斯（Wicks），克拉克森（Clarkson）等

资料来源：作者整理。

在实践层面，以利益相关者理论为导向的企业治理改革也逐渐在美国受到重视。面对频频爆发的企业治理危机，由美国、英国等成员方组成的经济合作与发展组织（OECD）于1999年发布《OECD公司治理原则》，以推动良好企业治理的实现，将利益相关者参与治理视为企业治理的重要原则，突出保护利益相关者权利。2004年，OECD发布《OECD公司治理原则》的修订版，再次扩展了"利益相关者"定义的范围，并加强了对员工参与治理机制的重视。而且，自20世纪末以来，美国已有超过半数的州修改公司法，要求企业不仅为股东利益服务，还要考虑员工、债权人等利益相关者利益。与此同时，在德国、荷兰、瑞士等欧洲大陆国家，典型的利益相关者如员工参与企业治理的情况相当普遍。

随着企业治理理论的转向，利益相关者理论成为现代企业共同治理模式的理论基石。现代企业的发展使得公司治理的目标转变为服务于利益相关者的共同利益，以此实现企业和社会的和谐发展。

但是，利益相关者理论还远非一个完善的理论，如对利益相关者的界定、分类，各利益相关者重要程度的衡量指标，对企业绩效影响的评价，众多利益相关者之间利益关系的协调等，都有待进一步探讨与完善。但利益相关者共同治理已成为现代企业治理的基本发展趋势和价值理念，更符合时代需求，更适应当下政府、社会、市场相互渗透下企业发展中涌现的新形态。

三、多元学科视野下的治理内涵

正如上文所梳理的那样，政治学、经济学、管理学、国际关系学等拥有不同学科背景的学者在20世纪八九十年代从不同层面研究治理理论的演进过程。由于有不同的理论视野、学科背景和问题取向，他们赋予"治理"诸多其他层面的含义，与传统意义上的"治理"相去甚远。虽然有关治理的论述数量众多，但多为片段式的理论阐述，对于治理的表述也多显抽象与含糊，且关于治理的理论根源不止一端。因此，想要对不同语境下的"治理"一词达成一致性解读，这本身就是乌托邦式的幻想。

但是，联合国全球治理委员会（Commission on Global Governance）给予治理的定义因在当前的诸多解释中能最大限度地涵盖各学科对于治理的理解，而得到了最为广泛的认可，即"治理是私人和公共的个人或公共机构管理其公共事务的诸多方式的总和。它是使相互冲突的或不同的利益体得以调和并且采取联合行动的持续的过程。它既包括有权迫使人们服从的正式制度和规则，也包括人们和机构同意的或以为符合其利益的各种非正式的制度安排"[1]。思茂兹（Smouts）认为，这个定义明确而具有代表性，因为它显示了治理的四项重要特征：（1）治理既不是一套规则，也不是一种活动，而是一个过程；（2）治理的基础是协调，而不是支配；（3）治理同时涉及公部门与私部门的行动者；（4）治理并不是一个正式的制度，有赖于持续的互动。[2]

---

[1] Commission on Global Governance. Our global neighborhood- the report of the commission on global governance[M].New York：Oxford University Press，1995：2-3.

[2] SMOUTS M C. La normalisation des rapports franco-guinéens： analyse d'une médiation[J]. Revue francaise de science politique，1981，31(3)：563-580.

吴昕春进一步指出，"治理"主要被用于分析处于四个不同层次的内容，即特定的社会组织内部（自组织）、民族国家、地区一体化组织和全球社会。[1]在特定的社会组织这一层次上，治理适用于分析和解释企业、公司以及社区内部组织机构的结构关系、决策与执行的运行方式；超越特定社会组织层面，也可以用"治理"来分析存多种利害关系的特定机构或组织的行为方式、公私合营企业的合作运作，以及其他有自主权但是又相互依存的组织的战略联盟关系。

"治理"于西方兴起后，在"西学东渐"的过程中，逐步被引入中国。进入21世纪后，"治理"广泛出现在政府文件、纲要、规划以及学术论著中，成为各行各业在实践与研究中广泛涉及的一个词语。当今中国对"治理"一词的使用，更多的是期望能够借助其所倚借的理论解决当代社会出现的一系列问题，如政府管理的转型与创新、国有企业治理结构构建等。

总体而言，关于"治理"的研究路径主要有两种：其一，宏观层面的采用政治学与公共管理学领域的治理理论研究的路径；其二，微观层面上基于经济学与企业管理领域的企业治理研究路径。而事实上，可将企业治理看作治理理论在经济学领域的具体应用。[2]

第二节　从传媒治理到传媒企业治理

一、"治理"在传媒领域的出现与使用

正如前文所述，政治与公共管理领域学者一般认为"治理"是一种机制，"官方或民间的公共管理组织在一个既定的范围内运用公共权威维持秩序，满足公众的需要。治理的目的是在各种不同的制度关系中运用权力去引导、控制和规范公民的各种活动，以最大限度地增进公共利益。所以，治理是一种公共管理活动和公共管理过程。它包

---

[1] 吴昕春. 治理的层次及其基本内容 [J]. 安徽师范大学学报（人文社会科学版），2003(3)：315-320.
[2] 王节祥，田丰，盛亚. 众创空间平台定位及其发展策略演进逻辑研究——以阿里百川为例 [J]. 科技进步与对策，2016(11)：1-6.

括必要的公共权威、管理规则、治理机制和治理方式"[1]。因此，与"统治"所强调的依从权威的自上而下的权力运行不同，治理是一个上下互动的管理过程。它主要通过合作、协商、建立伙伴关系、确立认同和共同目标等方式达成目标。其实质是市场原则、公共利益和认同下的合作，其运作机制不再是政府权威，而是合作网络。[2]

在中国传媒领域，"治理"一词的最初使用并未直接体现出西方治理理论所赋予其的丰富内涵。长期以来，在中国传媒领域，"治理"与"管理""管制"等词是交叉使用的，主要应用于与政府管制相关的管理行动和政治活动中。解决低俗节目、虚假广告、私接信号等常见问题时，我国多使用"治理"一词，此时的"治理"往往只是作为一个内涵单纯的动词使用，与传统意义上的"统治""管制"含义相一致，并无深厚的理论背景。

但是，社会不断发展而造成的环境复杂性以及传媒行业不断拓展带来的语境转换，使"治理"所承载的含义日益丰富起来。改革开放后，传媒行业的高速发展带来了媒体数量的急剧增加，也造成了日趋严重的散滥现象。于是，自20世纪90年代以来，我国对报刊业进行了三次治理（1996—1998年，1999—2000年，2003—2004年）。治理工作的重点从"取消内部报纸，压缩公开报纸"，到"治理党政部门主办的一部分报刊，并从体制上解决行政行为与出版行为的分离问题"，再到"禁止报刊主办者利用手中的权力进行硬性摊派，旨在整治报刊市场的秩序和加强对报刊市场的管理"[3]，治理工作的由浅入深令治理理念发生了很大变化。特别是从2003年开始的新一轮报刊治理动作力度更大，意义也更为深刻。尽管有一部分学者对此次治理仍然使用"整顿""整治"等词作为"治理"的同义词，但是"新一轮报刊治理，既体现了一贯所具有的通过行政力量进行管理的特点，又体现了运用市场的手段进行管理的特点"[4]。于是，行政权力的退出与市场权力的扩大成为数次报刊治理所力图达成的目标。

在此过程中，"治理"的内涵发生了两个显著变化：一是市场力量快速成长并成为治理过程中的重要行动单位。传媒行业不一定必须依赖政府的行政权力采取行动，而是有了诸如市场机制等更多的选择。二是在20世纪80年代末中国展开政治

---

[1] 俞可平. 当代西方政治理论的热点问题 [J]. 理论参考，2003(1)：29-31.
[2] 俞可平. 治理和善治引论 [J]. 马克思主义与现实，1999(5)：37-41.
[3] 丁柏铨. 新一轮报刊治理与党报发展 [J]. 现代传播（北京广播学院学报），2004(2)：33-37.
[4] 丁柏铨. 新一轮报刊治理与党报发展 [J]. 现代传播（北京广播学院学报），2004(2)：33-37.

体制改革与政府职能转变的社会情境下，西方治理理论在价值层面倡导的民主以及由此反映于治理实践中所主张的减少政府干预、众多公私伙伴参与政策、政治制度向市民社会开放等，在一定程度上与数次报刊治理所强调的行政权力的让渡和隐退的取向相契合。于是，治理从倚重政府威权与权力运行的单向度的"统治"含义中跳脱出来，市场逻辑在治理体系中的呈现使得治理拥有了更为深远广阔的含义。西方治理理论中的几种基本理念，如"多元""协商"与"对话"等，都包含在了中国传媒管理中所使用的"治理"一词里。

相对于传统媒体管理中"治理"内涵经历长时期的嬗变，互联网治理从一开始就直接体现出当下西方治理理论对于治理的理解。对于互联网的管理方式，国内学者一直都是使用的"治理"，而并非"管制""统治"等其他词汇，且国内研究者对互联网治理的普遍解释和认知与2005年召开的信息社会世界峰会上互联网治理工作组（WGIG）对"互联网治理"的定义相一致，即"互联网治理是政府、私营部门和民间社会根据各自的作用制定和实施的旨在规范互联网发展和使用的共同原则、准则、规则、决策程序和方案"[1]。这个定义强化了政府、私营部门和民间社会共同参与互联网治理的机制，并确认了互联网治理的具体问题，各个群体有着不同的利益诉求、作用和参与形式，但在某些情况下会出现重叠。这些都与西方治理理论一脉相承。

第一，源自互联网的开放性、互动性的数字媒体特质，使得传统媒体的单向性管理方式不能满足实践需求。第二，互联网迅速普及的20世纪90年代，正是治理理论在西方兴起的重要时期。治理理论所提倡的"多元"治理主体以及"协商"和"对话"的治理方式，也正好满足了互联网管理对于多向性和互动性的需求。[2]第三，相对于中国传统媒体研究和实践往往滞后于西方的情况，中国互联网领域的探索与研究可以说是和西方发达国家同步的，于是"互联网治理"理所当然地携其理论支撑——西方治理理论在互联网发展的初期就进入中国。中国的互联网治理在原则上尽管依旧强调"政府主导"，但建立"多方参与、高度协调、有效反馈的决策机制"[3]的观点的提出也显示出多方参与的治理机制在互联网治理中获得了肯定。

---

[1] 联合国互联网治理工作组.联合国互联网治理工作组报告[R].突尼斯：信息社会世界峰会，2005.
[2] 许亚伟.中国互联网治理机制研究[D].北京：北京邮电大学，2008.
[3] 陈季华.互联网治理面临的问题和对策[J].互联网天地，2007(8)：6-7.

在关于互联网治理的讨论中,"全球治理"同样是不可忽视的一个词语。它将治理从国家和政府层面推演至超国家层面,主要处理的是基于互联网关键资源的分配和管理问题,如 IP 地址的分配、域名的管理权归属、域名根服务器的管控等都直接与国家安全和国际竞争力紧密关联。此外,"数字鸿沟"问题、垃圾邮件问题、色情暴力网站问题等都成为超出民族国家治理能力范围的公共问题。全球治理的倡导者往往将全球治理体系的建立视为解决超国家层面互联网治理困境的良方,认为全球治理的关键是要借助各种国际力量建立起多边合作的治理机制,除了要依靠各国政府以外,还要依靠各种国际组织、非政府组织等非国家行为主体。它们共同承担治理和维持秩序的责任。[1]

尽管相关论述对传统媒体治理与互联网治理的理解不同,但毋庸置疑的是,"治理"在被使用过程中其对"统治"含义的超越及其日益丰富的意涵呈现都缘于政治、经济与技术的发展,这使传统媒体和互联网的管理都难以单纯依靠国家与政府的行政权力。应该在国家与政府之外寻求一种更为有效的治理机制,从而使得中国传媒行业管理领域中的治理内涵在一定程度上不再偏重以政府权威和制裁作为治理机制。

二、传媒企业治理议题的提出与讨论

在传媒领域涉及"治理"的相关论述中,传媒企业治理所遵循的经济学和企业管理学的研究路径显然与传统传媒治理、互联网治理所遵循的研究路径大相径庭。前者更多地将目光集聚于传媒企业或传媒集团内部的制度安排上。

总体而言,企业治理是一个由主体和客体、边界和范围、机制和功能、结构和形式等诸多因素构成的体系。其含义由以下几方面组成。(1)企业治理是一种合约关系。企业被看作一组合约的联合体。(2)企业治理的功能是配置权、责、利,其中控制权是基础。企业治理主要研究企业高级管理阶层、股东、董事会之间的互动关系,研究决策机制以及相关的制度安排,涉及谈判约定和法律规定的权力与义务

---

[1] 龙献忠,杨柱.治理理论:起因、学术渊源与内涵分析 [J].云南师范大学学报(哲学社会科学版),2007(4):30-34.

关系，企业治理过程属于管理学研究范畴。[1] 传统的企业治理大多基于分权和制衡而停留在健全企业治理结构的层面上，更为注重企业"三权"（决策权、执行权、监督权）与股东大会、董事会、经理层、监事会之间的制衡关系，因此，国内关于企业治理的研究，常常将"治理"与"治理结构"混用。

在中国传媒领域，"企业治理"与"治理结构"渐受关注的一个重要背景是，市场经济下传媒体制改革的逐步深入。2001年8月20日，中宣部、广电总局、新闻出版总署联合颁发"17号文件"[2]，提出"探索建立保证正确导向、富有经营活力的微观运行机制。健全党委领导与法人治理结构相结合的领导体制"，首次正式提出传媒治理结构问题及其改革目标。2003年，文化体制改革起步，"转企改制，完善法人治理结构，建立现代企业制度，加快产权制度改革"[3] 就此成为传媒业改革的关键步骤与重要内容。

对于中国传媒机构而言，"企业治理"与"治理结构"的提出彰显了一场新的传媒革命的到来。无论是"企业治理"还是"治理结构"，它们本身就是多在企业研究范畴内使用的词汇，因此，使用这些词汇的一个认知前提就是，传媒机构作为一个企业存在，在市场中有着独立的主体地位。这与之前传媒机构是事业单位的认识已截然不同，也显示出在文化体制改革背景下重塑市场主体与建立现代企业制度的传媒改革目标。

但是，因此前传媒机构事业单位的身份使然，进入转企改制阶段后，尽管不少传媒机构按照现代企业制度的要求在形式上搭建起法人治理结构的基本框架，但是传媒企业治理结构中依然存在着产权残缺、委托人缺位、股权结构不合理、决策机制不健全、激励约束机制欠缺及弱化、内部人有自利行为等问题。传媒企业到底该如何安排才能解决当前的诸多问题从而建构科学合理的现代企业治理结构？研究者们纷纷提出了自己的构想。诸如，李维安和常永新提出了传媒集团的"三级治理"模式：政府治理、外部治理、内部治理相结合；[4] 郭富承袭综合型公司治理框架，强调利用法律机制、监

---

[1] 吴昕春.治理的层次及其基本内容[J].安徽师范大学学报（人文社会科学版），2003(3)：315-320.
[2] 17号文件即《中共中央办公厅、国务院办公厅关于转发〈中央宣传部、国家广电总局、新闻出版总署关于深化新闻出版广播影视业改革的若干意见〉的通知》（中办发[2001]17号）。
[3] 杨驰原.深化管理变革 着力制度创新——石峰副署长谈报刊业改革与发展走势[J].传媒，2005(3)：10-14.
[4] 李维安，常永新.中国传媒集团公司治理模式探析[J].天津社会科学，2003(1)：75-79.

管机制、市场机制和社会机制等外部治理机制，形成对内部治理结构的支持和补充；[1] 周劲提出了"政治"和"资本"双重逻辑下的主体加辅体的传媒治理模式；[2] 卢恩光将协同理论用于报业集团治理从而建构协同治理模式；[3] 孔祥军认为，应以信用再造作为传媒治理结构建设的重点；[4] 尹世昌、周葭、丁和根则都强调资本结构调整在我国传媒治理结构构建过程中的基础及带动作用。[5]

以上这些设想大都体现出了利益相关者共同治理的取向。一直以来，作为企业治理理论的主导性理论，"股东至上"理论是企业治理结构安排遵循的主流逻辑。该理论认为，股东是企业真正的所有者，企业的治理结构安排应为股东获得企业的剩余索取权和剩余控制权服务。企业在追求股东利益最大化的同时，也要满足其他人的利益，从而实现社会效益的最大化。近年来，随着现代企业理论和实践的发展，一个更为宽泛的治理结构的定义逐步发展起来。该定义将利益相关者囊括进来，认为包括股东在内的利益相关者（雇员、供应商、债权人、客户、政府及社区等）都为企业的生存和发展做出了贡献或付出了代价。因此，企业治理的主体应该扩大到包括股东在内的各利益相关者。企业控制权应由利益相关者共同分享。企业经营的目的是实现利益相关者的利益最大化。

由此，从股东至上理论和利益相关者理论两种不同的理论视角出发，我们可以将传媒企业治理内涵从狭义与广义两个层面进行界定。从传统的股东至上理论出发，传媒企业主要解决股东（大）会、董事会、监事会和经理层之间的权、责、利分配问题。大量的既有传媒企业治理研究也主要关注这一层面的内容。而从更为宽泛的利益相关者理论出发，不仅在内部治理上，"老三会"（党委会、职工代表大会、工会）与"新三会"（股东会、董事会、监事会）都被纳入治理范畴，而且，党和政府、

---

[1] 郭富.基于价值创造的中国传媒集团管理研究[D].天津：天津师范大学，2004.

[2] 周劲.制度环境与传媒治理结构创新——一个传媒治理结构的理论分析框架及其在中国的应用[J].江西财经大学学报，2006(3)：102-109.

[3] 卢恩光，李本乾.我国报业集团三维绩效均衡治理模式[J].中国报业，2005(9)：39-41.

[4] 孔祥军.传媒业的企业化运行与信用再造——现代企业制度结构的视野[J].新闻界，2003(2)：21-23.

[5] 尹世昌.报业集团：从现代产权制度到建立法人治理结构[J].山东理工大学学报（社会科学版），2004(6)：107-110；周葭.混合所有制：中国传媒产业的一种选择[J].现代传播（中国传媒大学学报），2005(1)：129-131；丁和根.我国传媒业经济成分和产权制度改革取向分析[J].新闻大学，2007(2)：118-122.

市场、公众等外部治理力量也应纳入其中。而在公司治理理论正在由股东至上理论向利益相关者理论过渡的背景下，考虑到媒体的政治与意识形态属性，以及中国共产党作为执政党，是最高的政治领导力量的独特情况，我们在研究中国传媒企业（组织）治理结构时，将政党因素纳入其中也就理所当然了。

第三节　政媒关系与传媒企业治理研究

一、政治与媒体的关系：传媒体制研究的重要视角

政治与媒体的关系一直是传媒研究关注的焦点议题。早在20世纪50年代，在研究传媒规范理论中，西伯特（Siebert）、彼得森（Peterson）与施拉姆（Schramm）就在《传媒的四种理论》（*Four Theories of the Press*）中基于政治制度和媒体之间的关系将世界范围内的传媒体制划分为传媒实践四种理论。传媒的四种理论不仅开创了研究媒体与政治之间关系的规范理论，还成为针对传媒体制的经典分类模式。[1]

21世纪以来，越来越多的学者指出，西伯特、彼得森与施拉姆在东西方阵营对立的冷战背景下提出的以西方自由主义模式为典范的传媒的四种理论日益不合时宜，并强调关注不同国家传媒体制的多样性和传媒体制演化的过程与路径。[2] 不少学者开始采用比较分析与实证方法来审视不同国家的传媒体制，试图打破此前传媒的四种理论建立起来的传媒体制的规范性研究的传统。如以哈林和曼西尼为代表，他们采用比较分析的方法对北美和欧洲国家不同政治形态下的传媒体制的特点展开分析；奥斯丁（Ostini）、克里斯丁（Christians）、斯巴斯克（Sparks）、哈林（Hallin）和曼西尼（Mancini）等人进一步将目光转移到亚洲、非洲以及南美等地区的传媒

---

[1] 西伯特，彼得森，施拉姆. 传媒的四种理论[M]. 北京：中国人民大学出版社，2008：65-67.
[2] HALLIN D C, MANCINI P. Americanization, globalization, and secularization[M]. London:Canbridge University Press，2009.

体制变革上,力图"对西方模式去魅"[1]。

由此,关于传媒体制的个案研究大量出现,转型国家的传媒体制,特别是一直"着力于发展'非西方'传媒体制"[2]的中国的传媒体制受到关注。学者们指出,在转型经济和混合经济发展的背景下,中国的政治权利与资本相互交织,推动着党媒体制的变迁,并影响着媒体绩效。[3]

自延安时期至今,中国传媒体制虽历经"三大改革""事业单位,企业化管理"以及"分类管理,转企改革"等重大变革,但党管媒体原则一直贯穿其中并居于核心地位。[4]2003年以来,在新一轮文化体制改革要求公益性文化事业和经营性文化产业分类发展,并通过发挥市场机制的作用来发展文化产业的情况下,非时政类报刊社、重点新闻网站、广播影视制作单位等传媒事业单位陆续转制为国有传媒企业,而现代企业制度尤其是现代企业治理体系的建设成为文化体制改革的题中应有之义。

那么,如何在这些转制后的国有传媒企业中落实党管媒体原则,将党的领导与企业治理结构相结合?这成为正在进行中的传媒体制改革的重要命题。

二、政党与媒体的关系:传媒企业治理研究有待突破

虽然党的领导和企业治理结构相结合已成为当前传媒体制改革与转企改制后的传媒企业现代制度建设的重要任务,但党组织在传媒企业中的角色与作用较少进入学界研究的视野。虽然学者们对党的领导应制度化地纳入传媒企业治理结构持一致

---

[1] YIN J. Beyond the four theories of the press: a new model for the asian & the world press[J]. Journalism & communication monographs, 2008, 10(1): 3-62; CHRISTIANS C G, GLASSER T, MCQUAIL D, et al. Normative theories of the media: journalism in democratic societies[M].Illinois: University of Illinois Press, 2010; MCDONALD L M, SPARKS B, GLENDON A I. Stakeholder reactions to company crisis communication and causes[J]. Public relations review, 2010, 36(3): 263-271.
[2] HALLIN D C, MANCINI P. Comparing media systems beyond the western world[M]. London: Cambridge University Press, 2011.
[3] CHIN-CHUAN L, ZHOU H, YU H. Party-market corporatism, clientilism, and media in Shanghai[J]. The harvard international journal of press/ politics, 2007(12): 21-42.
[4] 夏倩芳. 党管媒体与改善新闻管理体制——一种政策和官方话语分析[J]. 新闻与传播评论, 2004(1): 124-133; 殷琦.1978年以来中国传媒体制改革观念演进的过程与机制——以"市场化"为中心的考察[J]. 新闻与传播研究, 2017(2): 104-117, 128.

意见，[1]但在党的领导如何与传媒企业治理结构相结合这一问题上较少深入讨论。在并不多见的关于传媒企业治理结构的研究中，有部分学者侧面提及了党组织治理，李维安与常永新将党和政府视为重要的外部治理机制，认为其主要通过政策法规来发挥治理作用。[2]尹世昌与林忠礼强调，应将党委会作为传媒企业最高权力机构，发挥其在传媒企业治理中的决策中心与舆论导向作用。[3]周劲则提出，党委会应主要负责把握舆论导向并履行监督职能，但不参与经营决策。[4]

由此可见，既有研究往往将"党和政府"或"党—国"视为一个整体纳入中国传媒体制以及传媒机构治理结构。因为长期以来，形式上的党政二元管理体制在实质上就是以党委为核心的一元管理体制。[5]这种党政合一的双轨管理体制，也造成在涉及媒体管理或传媒体制时，"党管媒体"与"政府管媒体"往往被视为同一概念。在官方话语、民间话语与学术讨论中，"党和政府"成为被广为采用的表述。[6]

虽然作为社会主义事业的领导核心与政治核心，中国共产党在国家机构中始终处于核心位置，党和政府之间具有极其强烈的内在统一性。[7]但事实上，把中国共产党与政府，或将中国共产党与国家系统视为同一概念是不合适的。一方面，随着改革开放的持续推进，政府改革步伐加快，党的执政方式也发生了转变，"法治政府"和"依法行政"成为政治建设与政府改革的目标，党的领导被定位为"政治、思想与组织领导"[8]与"把方向、谋大局、定政策、促改革"[9]。在此过程中，党和政府

---

[1] 尹明华.简单，是最好的——关于报业集团治理结构的思考[J].传媒观察，2006(1)；朱春阳，李琳.面对传媒改革：存量改革的路径规划与战略反思——兼评周劲博士的《传媒治理：理论与模式的中国式建构》[J].中国出版，2009(1)：21-23；宋建武.我国传媒业规范转制的路径选择[J].新闻爱好者，2012(2)；童兵.用马克思主义新闻观指导和推进新闻改革[J].当代传播，2014(1).

[2] 李维安，常永新.中国传媒集团公司治理模式探析[J].天津社会科学，2003(1)：75-79.

[3] 尹世昌.报业集团：从现代产权制度到建立法人治理结构[J].山东理工大学学报（社会科学版），2004(6)：107-110；林忠礼.报业集团的治理结构与管理控制[J].青年记者，2006(13)：53-57.

[4] 石义彬，周劲.转制改革下公益性传媒的治理结构创新[J].思想工作，2007(1)：38.

[5] 谢庆奎.中国政府体制分析[M].北京：中国广播电视出版社，1995：124.

[6] 夏倩芳.党管媒体与改善新闻管理体制——一种政策和官方话语分析[J].新闻与传播评论，2004(1)：124-133.

[7] 董学群.浅析党委在国有企业公司治理结构中的作用[J].煤炭经济研究，2009(7)：56-57.

[8] 江泽民.全面建设小康社会，开创中国特色社会主义事业新局面——在中国共产党第十六次全国代表大会上的报告[N].人民日报，2002-11-09（2）.

[9] 人民网.人民日报.习近平同志代表第十八届中央委员会向大会作的报告[EB/OL].(2017-10-19)[2020-10-01].http://cpc.people.com.cn/19th/n1/2017/1019/c414305-29595277.html.

在功能与职权上有了一定程度的分离。另一方面，尽管中国共产党与国家系统之间存在着重叠的部分，但在国家系统之外，也存在着广大的党员以及渗透于整个社会的党的基层组织。[1]党组织也深深地嵌入中国媒体领域，党委会一直是媒体的重要领导机构与治理机构，对媒体的发展有着重大影响。中国共产党的这一特性，决定了在中国研究传媒企业治理，必须将政党带进来。

更值得注意的是，在中国特殊国情下进行的社会主义建设必然具有中国自身的特色，建设的是"中国特色社会主义"。而"中国特色社会主义"中的"特"是什么？党和国家领导人早有回答。1997年12月，在缅怀邓小平对党的建设的贡献时，曾任中共中央政治局常委的宋平指出，"中国特色社会主义的'特'在哪里呢？除去中国的社会经济文化特点和建设社会主义采取的具体政策外，很重要的一点是，我们有一个久经考验的马克思主义的党的领导"[2]。2014年10月25日，王岐山在中国共产党第十八届中央纪律检查委员会第四次全体会议上讲话，对最本质特征论做了一个表述上的补充，他指出，中国特色社会主义的最大特色、最本质特征就是党的领导，这是历史和人民的选择。2016年7月1日，习近平同志在庆祝中国共产党成立95周年大会上提出，"办好中国的事情，关键在党。中国特色社会主义最本质的特征是中国共产党领导，中国特色社会主义制度的最大优势是中国共产党领导。坚持和完善党的领导，是党和国家的根本所在、命脉所在，是全国各族人民的利益所在、幸福所在"。

这种中国特色的制度安排在企业治理中体现为，党组织参与治理，这已成为我国企业治理的最大特色。特别是在国有企业中，党政共管的二元治理体制及党组织在国有企业中的政治核心和领导核心地位在国有企业所经历的数次改革与制度调整中一直没有动摇。近年来，在国有企业中，将党的领导与公司治理相结合的要求被不断强调。早在1999年，中共十五届四中全会通过的《中共中央关于国有企业改革和发展若干重大问题的决定》中就指出，要在国有企业中建立党委会与其他公司治理机构"双向进入、交叉任职"的机制。党的十八大以来，以习近平同志为核心的党中央坚持和加强党的全面领导，把党的领导贯穿于治国理政的全部活动中。《关

---

[1] 景跃进. 党、国家与社会：三者维度的关系——从基层实践看中国政治的特点[J]. 华中师范大学学报（人文社会科学版），2005(2)：9-13.
[2] 宋平. 宋平论党的建设文选[M]. 北京：中央文献出版社，2000：389.

于在深化国有企业改革中坚持党的领导加强党的建设的若干意见》（中共中央办公厅，2015）中明确指出，"坚持党的建设与国有企业改革同步谋划，充分发挥党组领导核心作用……把加强党的领导和完善公司治理统一起来，明确国有企业党组织在公司法人治理结构中的法定地位"。《关于进一步完善国有企业法人治理结构的指导意见》（国务院办公厅，2017）中进一步明确，国企党组织是企业法人治理结构中的有机组成部分，并强调要确保国企充分发挥党组织的领导核心和政治核心作用，保证党组织把方向、管大局、保落实。习近平在2016年召开的国有企业党建工作会议上也指出，"中国特色现代国有企业制度，'特'就特在把党的领导融入公司治理各环节，把企业党组织内嵌到公司治理结构之中"。这些政策文件与领导人讲话对国有企业坚持和加强党的领导做出顶层设计，以"双向进入、交叉任职"为主要实践方式的党组织治理成为党的领导与国有企业治理结构相结合的重要机制。

在此新的时代背景下，党的领导与国有传媒企业治理相结合的实践路径也日益明晰，"双向进入、交叉任职"成为党组织参与国有传媒企业治理的具体路径和实践方式，党组织治理成为国有传媒企业治理的必要环节与内容。那么，在国有传媒企业中，党组织治理的具体实践情况如何，发挥着何种作用及如何发挥作用？这些问题对很多人来说仍然是一个"黑箱"，有待进一步研究。

因此，本研究也将进一步聚焦于微观企业层面的党组织治理议题，并对其实践情况和影响机制展开理论与实证研究，为政党与媒体关系研究提供一个新的视角。另外，在传媒体制改革不断深入与媒体融合朝向纵深发展的背景下，媒体的组织形态也发生了重大变化。继续加强党对国有传媒企业的领导，并有效发挥党组织在企业监督与治理中的作用具有重要的实践意义。本研究也能为党管媒体原则以及党的领导在国有传媒企业治理中的进一步落实及优化提供经验支持与实践启示。

第三章

市场化改革背景下的党管媒体原则实践路径转型

中共十一届三中全会之后，经济建设成为国家建设的中心，作为执政党，中国共产党的治国理政方式也发生了较大转变，与此同时，中国传媒机构也经历了从"事业单位，企业化管理"到"分类管理""转企改制"的变革。在这一过程中，党管媒体原则在传媒企业（组织）中的实践路径发生了较大转变。

第一节 中国传媒体制建立与党管媒体原则确立

传媒体制是传媒企业（组织）进行制度安排时最重要的制度环境与前提。传媒企业（组织）都是在传媒制度的框架内进行制度安排的。因此，考察中国传媒体制的形成与发展，以及在此过程中党管媒体原则的确立与推行就可以了解党管媒体原则在传媒企业（组织）治理结构中的落实情况。

丁和根曾将促成中国传媒体制形成的元素归纳为"马克思主义经典作家的新闻思想、抗战根据地和解放区的新闻实践以及苏联的新闻体制模式"[1]。这为我们提供了考察中国传媒体制渊源的思路。由此，我们将从理论渊源、制度参照和实践基础三个方面来考察中国传媒体制的起源，并在此过程中梳理党管媒体原则的形成过程。

一、理论渊源：马克思主义新闻思想

毋庸置疑，马克思主义在20世纪对中国社会发展产生了极其重要的影响。中国共产党的组建及其革命活动、中华人民共和国的成立、社会主义制度的建立以及社会主义建设的开展，都是在马克思主义的指导下进行的。在此语境下，作为中国制度建设中的一项重要内容的中国传媒体制构建的理论也主要从马克思、恩格斯、列宁，以及毛泽东、周恩来等马克思主义者们对新闻出版自由、全党办报以及党性原则的相关认知中总结而来。

---

[1] 丁和根.中国传媒制度绩效研究[M].广东：南方日报出版社，2007.

（一）马克思、恩格斯的出版自由观及党报理论

众所周知，马克思和恩格斯既是马克思主义理论的创立者，也是非常积极的报刊活动家与新闻工作者。在长达几十年的革命工作中，马克思和恩格斯创办了《新莱茵报》等重要报刊，并发表了800余篇的报刊文章。在这种实践中，他们积累了大量且丰富的对新闻出版行业的观察与思考内容，并提出了对新闻出版自由的理解。这些观点成为马克思主义新闻思想的纲领性内容，并对后来苏联和中国的新闻实践与传媒体制构建形成指引。

1. 出版自由与人民报刊相关论述

"出版自由"这一概念最早由英国近代著名的资产阶级政治家约翰·弥尔顿提出。弥尔顿在其17世纪中叶出版的经典著作《论出版自由》中写道："我们所希望的只是开明地听取人民的怨诉，并做深入的考虑和迅速的改革，这样便达到了贤哲们所希求的人权自由的最大限度。"[1] 在弥尔顿看来，自由认识、自由表达观点与自由讨论是所有自由中最为重要的自由。

弥尔顿对出版自由的理解深刻地影响了马克思与恩格斯。马克思和恩格斯对于出版自由的相关论述与弥尔顿的论述颇为一致。[2] 马克思将新闻出版自由看作最基本的自由。他指出，"发表意见的自由是一切自由中最神圣的，因为它是一切的基础"，"新闻出版就是人类自由的实现"，"没有新闻出版自由，其他一切自由都会成为泡影"。恩格斯也认为，"每个人都可以不经国家事先许可自由无阻地发表自己的意见，这就是出版自由"[3]。马克思与恩格斯关于出版自由的表述成为马克思主义新闻思想的经典表述。

马克思、恩格斯对新闻出版自由的论证集中于主持《莱茵报》时期，体现为对"自由报刊"和"人民报刊"的论述。

首先，马克思基于启蒙运动的具体实践并从黑格尔理性主义视角，指出世界的本质是理性。新闻出版自由是建构与达成这种理性的重要途径。在他看来，一个好的现代国家必须是基于理性的社会存在，而理性主要通过人民精神体现出来，人民精神则孕育和形成于人民舆论之中。因此，只有新闻出版自由了，代表人民利益的

---

[1] 弥尔顿. 论出版自由[M]. 吴之椿, 译. 北京：商务印书馆, 1958：1.
[2] 张昆. 中外新闻传播思想史导论[M]. 上海：复旦大学出版社, 2006：217.
[3] 马克思, 恩格斯. 马克思恩格斯全集（第13卷）[M]. 北京：人民出版社, 1962：358.

多元思想与观念才得以呈现，人民舆论的作用才能充分发挥出来，并由此形成人民理性。这样，国家才能真正地反映理性，才能具有合理性。由此出发，马克思把实行新闻出版自由视为国家理性实现的重要条件。[1]

其次，在1842年发表的《第六届莱茵省议会的辩论》一文中，马克思首次提出"自由出版物的人民性"，而"人民报刊"[2]一词直接出现于《〈莱比锡总汇报〉的查封》的文章中。他指出："在人民报刊自由发展的情况下，总合起来构成人民报刊实质的各个分子，都应当表现出自己的特征。这样，人民报刊的整个机体便分裂成许多各不相同的报纸，它们具有不同而又相互补充的特征，例如，一家报纸如果主要关心政治学，另一家则主要关心政治实践，一家如果主要关心新思想，另一家则主要关心新事实。只有在人民报刊的各个分子都有可能毫无阻碍、独立自主地各向一面发展并各成一行的条件下，真正'好的'人民报刊，即和谐地融合了人民精神的一切真正要素的人民报刊才能形成。那时，每家报纸都完全会体现出真正的伦理精神，就像每一片蔷薇花瓣都表现了蔷薇的特质并散出蔷薇的芬芳一样。"[3]

由此，马克思认为人民报刊应该体现人民理性，报刊应真实地反映人民的意愿，报道人民普遍关心的社会事物，真实反映人民的意愿，报刊应当"生活在人民当下，它真诚地和人民共患难、同甘苦、齐爱憎"[4]。

由此，学者们将马克思的人民报刊思想概括为，"人民报刊是人民日常思想和感情的表达者，是人民的喉舌；人民报刊是将人民同国家和整个世界联系起来的有声纽带；人民报刊是治人者与治于人者之间的'第三个因素'；人民报刊的本质是真实的；人民报刊的品质是诚实的；人民的信任是人民报刊赖以生存的条件；人民报刊具有自己的内在规律；人民报刊是一个有机的活动群体"[5]等。这些内容几乎涵盖了报刊理论的全部重要问题。这也为后来党报思想与党报理论的提出奠定了坚实基础。

2. 无产阶级党报思想的形成

马克思早期主要基于民主主义思想做出关于"出版自由"与"人民报刊"的论述。

---

[1] 马克思，恩格斯.马克思恩格斯全集（第1卷）[M].北京：人民出版社，1956：6.
[2] 马克思，恩格斯.马克思恩格斯全集（第1卷）[M].北京：人民出版社，1956：189.
[3] 马克思，恩格斯.马克思恩格斯全集（第1卷）[M].北京：人民出版社，1956：189-190.
[4] 马克思，恩格斯.马克思恩格斯全集（第1卷）[M].北京：人民出版社，1956：187.
[5] 郑保卫.论马克思的人民报刊思想与党报思想[J].中国广播电视学刊，1992(3).

这些论述更关注人类理性的自我解放，总体而言，仍属于民主主义新闻思想的范畴。

1844年之后，随着欧洲工人运动的推进，马克思与恩格斯的思想逐渐由理性主义向唯物主义转变，并发表了《关于招贴法的辩论》等一系列文章，创立了科学社会主义学说，完成了历史唯物主义的奠基工作。

在工人运动的实践中，马克思、恩格斯逐渐认识到，自由是一个具有历史性与阶级性的概念。在新闻出版自由实现过程中所发生的不同意见之间的斗争表明阶级斗争在新闻出版领域一直存在。在这样一种认识下，马克思和恩格斯在1848年创办《新莱茵报》，不再使用"人民报刊"的表述，而是以"工人报刊"作为替代，以此强调无产阶级的阶级属性，并提出了较为完备的办报方针、口号和原则。他们提出，要运用"工人报刊"来宣传无产阶级的政治纲领与政治诉求，将办报同推翻反动统治的革命斗争紧密联系起来。马克思曾写道，"报刊按其使命来说，是社会的捍卫者，是针对当权者的孜孜不倦的揭露者，是无处不在的耳目，是热情维护自己自由的人民精神的千呼万应的喉舌"[1]，"目前报刊的首要任务就是破坏现存政治制度的一切基础"[2]，由此，报刊的喉舌论的最初思想形成。

19世纪60年代以后，无产阶级革命政党相继在欧洲各国成立，随之，无产阶级党报也被创办出来。在指导无产阶级政党建党工作和办报活动中，马克思与恩格斯进行了大量论述，主要包括"党报党刊是党的重要的思想武器和政治阵地，是党存在和发展的标志；党报党刊必须站在党的立场，代表、阐述和遵守党的纲领和策略原则，按照党的精神进行工作；党报党刊要成为开展党内批评的强大思想武器；党报党刊必须在党的领导和监督下开展工作；党组织要关心、支持和监督党报党刊的工作；党报党刊工作者必须对党负责，对人民负责，等等"[3]，形成了无产阶级党报思想。

一般认为，马克思、恩格斯的"工人报刊"思想的形成标志着马克思主义新闻观的确立，而无产阶级党报思想的形成则标志着马克思主义新闻观发展到较为成熟的阶段。因此，马克思、恩格斯的"工人报刊"思想和党报思想对马克思主义新闻观的形成及发展具有里程碑式的重要意义。[4] 这些新闻思想也为此后社会主义国家的

---

[1] 马克思，恩格斯. 马克思恩格斯全集（第6卷）[M]. 北京：人民出版社，1961：275.

[2] 马克思，恩格斯. 马克思恩格斯全集（第6卷）[M]. 北京：人民出版社，1961：278.

[3] 郑保卫. 论马克思的人民报刊思想与党报思想 [J]. 中国广播电视学刊，1992(3).

[4] 丰纯高. 完整准确地理解马克思主义新闻观 [J]. 中国记者，2004(11)：16-18.

传媒体制建设指明了方向，奠定了基调。列宁、毛泽东等人进一步发展的党报理论与此一脉相承。

（二）列宁对于马恩新闻思想的继承与发展

作为马克思主义的伟大继承者，列宁在将马克思主义同俄国革命的具体实践相结合的基础上，创造性地发展了马克思主义。而列宁主义作为革命工作的精神指引，也一直指导着新闻出版工作的具体实践。

19世纪末，列宁在创办与编辑《火星报》《前进报》《无产者报》《新生活报》《浪潮报》《回声报》《视觉报》《新光线报》《明星报》《工人报》《社会民主党人报》《真理报》《消息报》等报纸，以及《思想》《启蒙》《共产党人》《青年国际》等杂志的过程中，就新闻宣传工作的理论建设与相关实践撰写了大量文章。在这些文章中，列宁始终强调要坚持用马克思主义来指导无产阶级办报实践和新闻事业的发展，并首次明确提出"党性原则"，这对社会主义传媒体制的建立与发展产生了巨大影响。

早在20世纪初，俄国社会民主工党中央机关报《火星报》创刊之际，列宁就在《〈火星报〉编辑部声明》中指出，"我们不打算把我们的机关报变成形形色色的观点的简单堆砌。相反，我们将本着严正的明确的方针办报。一言以蔽之，这个方针就是马克思主义"[1]。

在1905年出版的《党的组织与党的出版物》一书中，列宁集中且系统地论证了无产阶级新闻出版工作的党性原则。首先，列宁提出了党的出版物原则，阐明党的新闻宣传工作的地位、作用、特点及其同党组织之间的关系，"出版物应当成为党的出版物……社会主义无产阶级应当提出党的出版物的原则，发展这个原则，并且尽可能以完备和完整的形式实现这个原则"，"对于社会主义无产阶级，写作事业[2]不能是个人或集团的赚钱工具，而且根本不能是与无产阶级总的事业无关的个人事业……写作事业应该成为整个无产阶级事业的一部分，成为由整个工人阶级的整个觉悟的先锋队所开动的一部巨大的社会主义民主主义机器的'齿轮和螺丝钉'。写作事业应当成为社

---

[1] 列宁.列宁全集（第4卷）[M].北京：人民出版社，1959：316.
[2] 列宁在《党的组织与党的出版物》一书中所说的"写作事业"，是比新闻事业更广泛的概念。它包括新闻事业，还包括文学等文化事业。但在当时的具体环境中，它更多指新闻事业。参见卢惠民的《社会主义新闻事业和党性原则——学习列宁名著〈党的组织与党的出版物〉》一文。

会主义民主党有组织的、有计划的、统一的党的工作的一个组成部分"。[1]

列宁也分析了写作自由与党的写作事业之间的关系，认为虽然党的写作事业是党的工作的重要组成部分，但党的写作事业与其他事业之间存在显著区别，必须尊重写作事业的自然规律。他指出，"在这个事业中，必须保证有个人创造性和个人爱好的广阔天地，有思想和幻想、形式和内容的广阔天地"，"写作事业最不能机械划一、强求一律，少数服从多数"。列宁同时也批判了那些打着"思想创作绝对自由"的旗号，企图摆脱党的领导和监督的资产阶级无政府主义和个人主义倾向。列宁还认为，"每个人都有自由写他所愿意写的一切，不受任何限制。但每个自由的团体（包括党在内），同样也有自由赶走利用党的报刊来鼓吹反党观点的人。言论和出版应当有充分的自由，但是结社也应当有充分的自由。为了言论自由，我们应该给你完全的权利让你随心所欲地叫喊、扯谎和写作。但是，为了结社的自由，你必须给我权利同那些说这说那的人结成联盟或者分手。党是自由的联盟，假如它不清洗那些宣传反党观点的党员，它就不可避免地会瓦解，首先在思想上瓦解，然后在物质上瓦解。确定党的观点和反对党观点的界限的，是党纲，是党的策略和党章"[2]。

与此同时，列宁还强调党性原则的实现必须具有坚强的组织保证。列宁提出，"报纸应当成为各个党组织的机关报。写作者一定要进入各个党组织。出版社和发行所、书店和阅览室、图书馆和各种书报营业所，都应当成为党的机构，向党报告工作情况"[3]。而对违反党性原则、宣传反党观点的党员，党组织应对他们采取惩罚措施，直至将他们清除出党。列宁还号召工人党员密切关注和监督新闻出版的相关工作。

在列宁关于党的新闻工作的表述中，新闻工作的党性原则的体系逐渐形成，并呈现出辩证的、联系的、有序的状态。[4]在继承和发展马克思、恩格斯无产阶级党报思想的基础上，列宁提出了党性原则。这一原则的提出为无产阶级新闻事业提供了新的发展思路与方向，并在苏联建国后成为其传媒体制建设的指导原则，并在很大程度上成为中华人民共和国成立之初传媒体制建设的重要原则。

---

[1] 列宁. 列宁全集（第12卷）[M]. 北京：人民出版社，1959：79，93.
[2] 列宁. 列宁全集（第12卷）[M]. 北京：人民出版社，1959：95.
[3] 列宁. 列宁全集（第12卷）[M]. 北京：人民出版社，1959：94.
[4] 时统宇. 列宁正式创立了新闻工作的党性原则[J]. 新闻知识，1994(10)：15-17.

（三）毛泽东的新闻实践和党性新闻观

中国传媒体制最初的建立，离不开以毛泽东为代表的中国共产党领导人的新闻思想的引领。毛泽东继承了马克思、恩格斯和列宁的新闻思想，并在中国革命运动与社会主义建设初期的实践中，进一步将马克思主义新闻思想深化并发扬光大，对党的新闻宣传工作的性质、任务、功能等内容做出了更加深入的理论阐释。

1. 毛泽东早期新闻思想与实践

毛泽东新闻思想在其从事的新闻宣传工作实践中形成和发展起来。早于"五四"时期，毛泽东就积极投身于新闻宣传的实践活动中，创办《湘江评论》并任主编，担任《新湖南》总编辑并参与《大公报》《申报》等国内诸多报刊的文章撰写和稿件编辑工作。之后，毛泽东又领导和创办了《政治周报》《共产党人》《中国工人》《八路军军政杂志》《解放日报》等。在这个过程中，他积累了大量新闻实践经验，并基于这些新闻实践提出了自己对于新闻宣传工作的认识与理解，最终形成毛泽东新闻思想。

在目前的研究中，一般都将毛泽东于1942年3—4月间在《解放日报》改版工作中发表的讲话和1948年4月2日在接见晋绥日报社编辑人员时发表的讲话视为毛泽东新闻思想的基础与开端。

1942年，为配合在全党开展的整风运动，毛泽东提出要改造《解放日报》。同年3月16日，解放日报社召开改版座谈会。毛泽东在会上提出，报纸等新闻媒体应整顿"三风"（学风、党风、文风），应宣传和"推行抗日民族统一战线的政策"[1]。《解放日报》于当年4月1日刊登社论《致读者》，表示党报要"成为党手中最锐利和最有力的武器"。

1948年4月2日，在解放战争取得节节胜利、党的新闻工作任务越来越繁重之时，毛泽东发表了《对晋绥日报编辑人员的谈话》，强调"报纸的作用和力量，就在它能使党的纲领路线、方针政策、工作任务和工作方法，最迅速、最广泛地同群众见面"。他指明党的报纸要"担负起教育群众的任务"，通过宣传，"把党的政策变为群众的行动"[2]。

---

[1] 毛泽东. 在《解放日报》改版座谈会上的讲话 [M]// 中共中央文献研究室. 毛泽东文集（第二卷）. 北京：人民出版社，1993：409.

[2] 中共中央文献研究室. 毛泽东新闻工作文选 [M]. 北京：新华出版社，1983：151.

在中华人民共和国成立之后，毛泽东依然非常重视我国新闻事业的建设，多次撰文及发表讲话论述党的新闻工作的路线、方针、任务、方法，新闻工作队伍建设及新闻文风等问题，还对报纸、广播等新闻媒体的新闻宣传工作及事业发展做出相关指示。在此过程中，毛泽东新闻思想得到进一步充实与完善。

2. 毛泽东的党性新闻观

毛泽东在中国的革命和建设实践中对新闻工作投入了大量精力，既撰写了大量新闻作品，也发表了许多关于新闻工作的重要论述。1983年由中共中央文献研究室主编、新华出版社出版的《毛泽东新闻工作文选》，收录了毛泽东有关新闻工作的文章。[1] 这些文章集中体现了毛泽东的马克思主义党性新闻观，具体内容包括以下四个方面。

第一，新闻工作要坚持党性原则，要实行"政治家办报"。毛泽东强调，党报党刊必须充分认识到，"办好报纸的根本问题是报社人员的思想革命化问题"，必须提倡"政治家办报"。[2]

第二，新闻机构要同党保持政治上的一致。毛泽东认为，党报党刊要"克服宣传人员中闹独立性的错误倾向"[3]，"必须无条件地宣传中央的路线和政策"[4]，"抓紧对通讯社及报纸的领导，务使通讯社及报纸的宣传完全符合党的政策，务使我们的宣传增强党性"[5]。

第三，新闻事业要成为指导斗争、指导工作、指导群众、指导舆论的思想武器。曾经针对红军，毛泽东就指出，"红军宣传工作的任务，就是扩大政治影响，争取广大群众。由这个宣传任务之实现，才可以实现组织群众，武装群众，建立政权，消灭反动势力，促进革命高潮等红军的总任务"[6]。新闻工作者还要深入实际、深入群众。毛泽东认为，"报纸工作人员……首先要向群众学习"，"要使不懂得变成懂得，就要去做去看"，"报社的同志应当轮流出去参加一个时期的群众工作，参

---

[1] 《毛泽东新闻工作文选》编入毛泽东关于新闻工作的论著、讲话、谈话、批语、按语、电报、书信等71篇；毛泽东为报纸、刊物、通讯社、广播电台写的消息、述评、社论、时评、发言人谈话、答记者问、调查报告、广播讲话、编者按等28篇；毛泽东为报纸、通讯社、广播电台审阅和修改的稿件24篇。
[2] 中共中央文献研究室.毛泽东新闻工作文选[M].北京：新华出版社，1983：215.
[3] 中共中央文献研究室.毛泽东新闻工作文选[M].北京：新华出版社，1983：97.
[4] 中共中央文献研究室.毛泽东新闻工作文选[M].北京：新华出版社，1983：156.
[5] 中共中央文献研究室.毛泽东新闻工作文选[M].北京：新华出版社，1983：97.
[6] 中共中央文献研究室.毛泽东新闻工作文选[M].北京：新华出版社，1983：15.

加一个时期的土地改革工作，这是很必要的……在没有出去参加群众工作的时候，也应当多听多看关于群众运动的材料，并且下功夫研究这些材料"，"报社的同志也要经常向下边反映上来的材料学习，慢慢地使自己的实际知识丰富起来，使自己成为有经验的人"。[1]

第四，新闻工作要充分重视作风建设。在整风学习中，毛泽东严厉地抨击了党八股的八大罪状，指出"洋八股必须废止，空洞抽象的调头必须少唱，教条主义必须休息，而代之以新鲜活泼的、为中国老百姓所喜闻乐见的中国作风和中国气派"[2]，"各地党报的文字，应力求通俗简洁，不仅使一般干部容易看懂，而且使稍有文化的群众也可以看"，"要使那些识字不多而稍有政治知识的人听了别人读报后，也能够懂得其意思"[3]。

毛泽东关于新闻事业与新闻工作的论述汇聚成毛泽东思想，这是马列主义基本原理与中国无产阶级报刊具体实践结合的产物。它既是在中国革命和社会主义建设中发展起来的，又进一步为中国传媒体制的形成与发展提供了思想指引，奠定了理论基础。

二、制度参照：苏联的传媒发展模式

在马克思、恩格斯开创无产阶级新闻事业、马克思主义新闻思想形成，以及俄国无产阶级革命斗争时期列宁指导创建了无产阶级报刊雏形的基础上，苏联建国后逐步建立了极具代表性的社会主义传媒体制。它对此后中华人民共和国传媒体制的构建也产生了深远影响。

在党性原则的指引下，苏联传媒体制的建立首先基于对传媒功能的基本认识：一是必须通过创办与发行各种定期刊物将全部潜在读者吸引住；二是报刊应作为对发达社会主义各方面进行社会管理的重要工具，政府部门与社会组织都应领导或出版定期刊物，党委会应领导与出版所有党的出版物。[4] 在这种基本认识的影响下，苏联在列宁及斯大林的领导下，在20世纪30年代建立了极具苏联特色的社会主义传

---

[1] 中共中央文献研究室.毛泽东新闻工作文选 [M].北京：新华出版社，1983：152.
[2] 中共中央文献研究室.毛泽东新闻工作文选 [M].北京：新华出版社，1983：87.
[3] 中共中央文献研究室.毛泽东新闻工作文选 [M].北京：新华出版社，1983：92.
[4] 吴非，胡逢瑛.俄罗斯传媒体制创新 [M].广州：南方日报出版社，2006：222.

媒体制（见图3.1）。

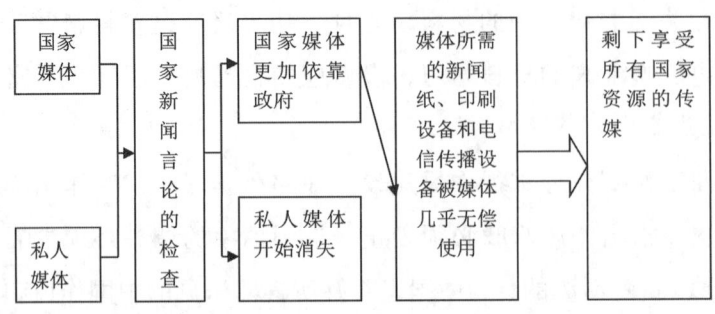

图3.1 苏联在列宁前期形成的媒体发展模式[1]

赵中颉进一步将苏联传媒体制的特点归纳为以下几点。第一，从中央到地方的各种层次的党委机关报刊都要接受同级党委的领导，其总编辑由同级党委任命。与此同时，各种群众团体的报刊、通讯社、广播电台等新闻媒体也都要接受党的领导。不允许私人办媒体，也不允许外国人在苏联出版报刊和开办电台与电视台。第二，各种新闻媒体必须坚持党性原则，它们作为党的事业的一部分，是党的宣传员、鼓动员、组织者。第三，各种新闻媒体都是党和人民的耳目喉舌，应当从各个维度以各种方式来宣传党的路线、方针、政策，而不能宣传与党的路线、方针、政策相背离的内容。第四，提倡在报刊、电台、电视台上开展批评与自我批评，对党和政府工作人员开展舆论监督。但是，这种批评的目的是进一步完善社会主义事业，因此，不允许借口批评错误来否定社会主义，否定党的路线、方针、政策。[2]

三、实践基础：中华人民共和国成立之前共产党的新闻实践

早在建党初期，中国共产党就已经开始运用马克思主义新闻思想及苏联无产阶级报刊办报经验来指导其新闻实践。直至中华人民共和国成立前，党性原则、全党办报、群众办报、新闻批评、实事求是等许多中国共产党新闻观念和思想中的重要内容，都与列宁、斯大林的新闻思想以及苏联共产党的办报实践密切相关。[3]特别是列宁于20世纪40年代提出的党性原则，以及其强调的报纸应是"集体的宣传员、

---

[1] 吴非，胡逢瑛. 俄罗斯传媒体制创新 [M]. 广州：南方日报出版社，2006：295.
[2] 赵中颉. 列宁新闻思想简论 [J]. 西南政法大学学报，2002(3).
[3] 郑保卫. 中国共产党新闻思想形成和发展的背景与条件 [J]. 当代传播，2005(3)：8-11.

鼓动员和组织者"的重要论述成为中国共产党开展新闻宣传工作的重要指导思想。

1941年2月6日,中国共产党中央委员会早期机关报《新中华报》[1]在纪念报纸创刊两周年的社论中写道:"《新中华报》不仅是中共中央机关报之一,同时还是边区党的机关报,也是边区政府的喉舌。两年来,边区当局的热心指导,使得本报对陕甘宁边区模范的政治、经济、军事、文化、教育等各方面生活做了系统的反映。特别是由于边区真正新民主政治的实施,人权有了充分合法的保障,这才使得本报真正发挥了舆论指导的神圣职责。"[2]1941年5月16日,《新中华报》与《今日新闻》合并,报纸名称改为"解放日报",新华通讯社并入报社采访通讯科,接受中共中央党报委员会直接领导,所有党的政策都经由《解放日报》与新华社向全国宣达。中国共产党早期的新闻实践不仅奠定了报纸具有喉舌功能的基调,还确立了党对传媒事业的领导体制。

中共中央宣传部于1942年3月16日发出《为改造党报的通知》,其中涉及党报的重要性、主要任务、党委与党报的关系、党报的工作方针等诸多内容。不少论述对我国传媒体制的建立产生了极其重要的影响。一是提出要加强党对报纸的领导,如"把报纸办好,是党的一个中心工作","各地党委领导机关必须亲自注意报纸的编辑工作,使党报编辑部与党的领导机关的政治生活联成一气",这些都强调办报是党的重要任务,同时也都突出了党在媒体中的领导地位。二是指出要加强报纸的党性和群众性,如"报纸的主要任务就是要宣传党的政策,贯彻党的政策,反映党的工作,反映群众生活","如果报纸只是或者以极大篇幅为国内外通讯社登载消息,那么这样的报纸是党性不强","就须立即加以改正","要有与党的生活、群众生活密切联系的通讯员或特约撰稿员"[3],这些都指明要重视党的报纸与群众的

---

[1] 《新中华报》是中国共产党中央委员会第七份机关报,由《红色中华》改名而来。西安事变后不久,为了适应国共合作及抗日民族统一战线的新情况,中国共产党于1937年1月29日,将《红色中华》改为《新中华报》,报纸刊号延续《红色中华》的,为第325期。1937年9月9日(第390期),《新中华报》由中华苏维埃共和国中央政府机关报改为陕甘宁边区政府机关报。1938年12月25日,《新中华报》停刊。其共出版474期。1939年2月7日,《新中华报》(刷新版)创刊,期号为:"刷新第一号"。1941年5月15日,《新中华报》(刷新版)停刊,次日,其与《今日新闻》合并后,改名为"解放日报"。《新中华报》(刷新版)共出版230期。
[2] 中国社会科学院新闻研究所.中国共产党新闻工作文件汇编(下)[M].北京:新华出版社,1980:47,48.
[3] 中国社会科学院新闻研究所.中国共产党新闻工作文件汇编(上)[M].北京:新华出版社,1980:126,127.

联系。

在整风运动时期，《解放日报》也刊登了大量关于新闻工作的文件、社论和其他类型的文章。如《解放日报》刊载了《为改造党报的通知》与《致读者》，对党报创刊以来在党性、群众性、战斗性、组织性等方面存在的问题进行了反思，并提出改革的具体措施，一要坚持党性原则，二要密切联系群众，三要具有战斗性，四要做群众运动的提倡者和组织者，"使《解放日报》能够成为真正战斗的党的机关报"[1]。此外，其刊发的《新闻必须完全真实》《党与党报》《我们对于新闻学的基本观点》等文章也相继阐述了一些重大的新闻理论问题，中国共产党的新闻思想逐渐成型。

尤为值得一提的是，1940年12月30日，中国共产党创建的第一座广播电台——延安新华广播电台开始播音，呼号为XNCR，党的广播事业由此拉开序幕。由于广播电台是新华社的一个部门，广播稿由新华社的广播科提供，[2] 广播内容主要为中央重要文件、《新中华报》社论、国内外新闻、名人讲演、科学常识、革命故事。

总之，中华人民共和国成立前中国共产党新闻工作的相关实践及逐步成熟的中国共产党的新闻思想，如对传媒喉舌功能的强调、党管媒体与党性原则的确立以及党报管理机制的初步形成，都为中华人民共和国成立后中国共产党领导下的传媒事业的发展奠定了实践、理论与制度基础。

四、党管媒体原则的形成与党媒体制的建立

在马克思主义新闻思想的指引下，借鉴苏联的传媒体制并基于中国共产党早期的新闻实践，中国建立起具有中国特色的传媒体制。中国传媒体制的价值支点即"喉舌论"，它源自马克思新闻思想与无产阶级新闻学对党报功能的阐释。[3]

---

[1] 中国社会科学院新闻研究所.中国共产党新闻工作文件汇编（下）[M].北京：新华出版社，1980：41，50，52.

[2] 1940年12月，延安新华广播电台建成并开播，呼号为XNCR。该台当时是新华社的一部分，广播稿件由设在延安清凉山的新华社广播科提供。延安新华广播电台自1940年年底开播，直到1949年3月迁入北平，延安台的文字编辑工作一直由新华社的有关部门负责。1949年6月5日，中共中央发出通知，决定将原新华社的"口播部"扩充为"中央广播事业管理处"，直属中共中央宣传部，管理并领导全国的广播事业。

[3] 喻国明.当前中国传媒业发展客观趋势解读[J].现代传播（中国传媒大学学报），2004(2)：1-5.

早在1849年出版的《新莱茵报审判案》中，马克思就指出，"报纸按其使命来说，是社会的捍卫者，是针对当权者的孜孜不倦的揭露者，是无处不在的耳目，是热情维护自由的人民精神的千呼万唤的喉舌"[1]，"报纸的最大好处，就是它每日都能干预运动，能够成为运动的喉舌"[2]。这些论述都成为"喉舌论"的理论源泉。此后，列宁等马克思主义者以及中国共产党继承与发展了这些观点，并建立起党报理论，强调"党报是党的喉舌"，党报应成为党的"宣传者"与"组织者"。

1929年，中国共产党创办的《党的生活》在出版启事中阐明，"《党的生活》是一般党员的'喉舌'"[3]。1930年，《关于政治状况和党的总任务议决案》中明确写道："必须使全体党员了解，党报是党的喉舌。"1941年，《解放日报》的创立更是奠定了报纸的"喉舌"功能的基调。

此后，随着形势的发展和新闻实践的深入，"喉舌论"不断发展。中国共产党历届领导人都强调新闻传媒的喉舌功能。毛泽东明确提出，"报纸的作用和力量，就在它能使党的纲领路线、方针政策、工作任务和工作方法，最迅速、最广泛地同群众见面"[4]。邓小平要求宣传战线上的战士"作为灵魂工程师"，"一定要无条件地宣传党的主张"。江泽民也指出："我们国家的报纸、广播、电视等是党、政府和人民的喉舌。这既说明了新闻工作的性质，又说明了它在党和国家工作中具有极其重要的地位和作用。"[5]胡锦涛也要求，"要把提高舆论引导能力放在突出位置"，"加强主流媒体建设和新兴媒体建设，形成舆论引导新格局"。[6]习近平更加重视新闻舆论工作，早在2004年8月4日，习近平就提出，"增强政治意识、大局意识、责任意识，是新闻宣传的党性原则所决定的新闻的党性原则，是发展社会主义新闻事业的根本原则，是我们党代表人民群众根本利益的本质要求。新闻的党性原则，决定了新闻事业是党的事业的有机组成部分，决定了新闻媒体是党和人民的喉舌"[7]。

---

[1] 吴飞.马克思主义新闻传播思想经典文本导读[M].杭州：浙江大学出版社，2005：137.
[2] 吴飞.马克思主义新闻传播思想经典文本导读[M].杭州：浙江大学出版社，2005：143.
[3] 陈力丹.马克思主义新闻学词典[M].北京：中国广播电视出版社，2002：80.
[4] 梁家禄.中国新闻事业史[M].北京：中国广播电视出版社，2002：476.
[5] 江泽民.关于党的新闻工作的几个问题[M]//中共中央文献研究室.十三大以来重要文献选编（中）.北京：人民出版社，1991：772.
[6] 胡锦涛.在人民日报社考察工作时的讲话[N].人民日报，2008-06-21（1）.
[7] 邓绍根."党媒姓党"的理论根基、历史渊源和现实逻辑[J].新闻与传播研究，2016，23(8)：5-14，126.

而后，他进一步将新闻舆论工作与国家前途命运联系起来，强调"党的新闻舆论工作是党的一项重要工作，是治国理政、定国安邦的大事"[1]。由此可见，从新闻媒体是党的喉舌，到新闻媒体是党、政府和人民的喉舌，其含义不断扩大，与时俱进，[2]也体现了"喉舌论"在我国传媒体制中具有基础性地位。

中国的建设与发展借鉴了苏联模式，在经济制度上，坚持以公有制为基础，实行按劳分配原则；在政治制度上，坚持共产党领导，实行人民民主专政；在意识形态上，坚持以马克思主义为指导的社会主义意识形态。与此同时，中国一直在探索中国特色的发展道路。

经过40余年的探索实践，中国特色社会主义又有了新的发展，已形成一整套基本的制度，包括党的领导、人民当家作主、依法治国的根本原则和全国人民代表大会制度、共产党领导的多党合作和政治协商制度、民族区域自治制度以及基层民主自治制度在内的中国特色社会主义政治制度；以公有制为主体，多种经济成分长期共存、平等竞争、共同发展的社会主义经济制度以及以社会主义核心价值体系为根本特征的文化制度。[3]

在社会主义建设过程中，基于"喉舌论"的中国传媒体制也逐步形成。总体而言，中国特色社会主义传媒体制包含几个基本面向：一是中国的传媒事业是中国共产党领导下的传媒事业，在思想上、政治上、组织上、生产中都要坚持党管媒体原则与党性原则；二是中国传媒产权应属于人民和国家，这是实现社会主义新闻自由的重要保障；三是政治宣传与引导舆论功能一直都是中国传媒事业的重要功能之一。当然，随着中国社会的不断发展变化、传媒领域的不断推陈出新，中国传媒体制也处于不断发展、改革和完善之中。置身此种传媒体制改革中的传媒机构也经历着从事业单位到企业的身份转变，从建立组织内部的领导制度到建设现代企业制度的转型。

---

[1] 央视网.习近平在党的新闻舆论工作座谈会上强调 坚持正确方向创新方法手段 提高新闻舆论传播力引导力[EB/OL].(2016-02-19)[2020-10-01].http://tv.cctv.com/2016/02/19/VIDEvTv4Too4tzsiVfntaMdq160219.html.

[2] 胡兴荣.中国现代新闻自由主义与喉舌论的演变[EB/OL].(2004-11-14)[2020-10-01]. http://www.people.com.cn/GB/14677/22100/40528/40529/2986095.html.

[3] 杨耀.中国特色社会主义的科学内涵[EB/OL].(2007-11-15)[2020-10-01]. http://www.nmg.xinhuanet.com/zt/2007-11/15/content_11736383.htm.

第二节　中国传媒体制改革与党管媒体原则延续

自20世纪80年代以来，世界范围内的传媒业都发生着转型。过去基于传媒的四种理论将传媒体制视为更多地与政治体制相联结的一种静态结构的传统比较制度研究逐渐显得不合时宜，[1] 传媒体制改革日益成为传媒研究领域的热点议题。

改革开放后，在中国社会转型、经济发展和政治环境逐渐开放的独特语境下，中国传媒体制改革呈现出鲜明的"中国特色"与独特的改革脉络。改革开放40余年来，中国传媒体制改革经历了从党报（台）体制向"事业单位，企业化管理"的过渡，而后又借力文化体制改革进入"分类管理，转企改制"阶段。一些学者注意到了这种体制"变革""转轨"或"创新"的过程并进行了深入分析。在这些分析中，市场机制引入传媒领域所诱发的体制层面的一系列变革颇受关注，"市场化"从而成为描述中国传媒体制改革最为重要且关键的词语。[2] 所谓"市场化"，一般被认为是"市场机制在一种经济中对资源配置发挥的作用持续地增大，经济对市场机制的依赖程度不断加深和增强，市场机制从逐步产生、发展到成熟的演变过程"[3]。市场化在传媒体制研究中的凸显，一方面表明，在中国社会从"总体性社会"向市场社会转型背景下，发生在中国社会各个层面的市场化转型对传媒体制改革的影响不可回避；另一方面则表明，在传媒体制改革的过程中，市场机制被引入其中并成为传媒资源配置的重要手段，传媒机构作为市场主体也进行着市场化运作。

因此，本部分在将市场化作为中国传媒体制改革的重要取向与特征的研究语境下，将以与传媒体制改革紧密关联的政策文件、改革口号和论著为切入点，通过历史回顾和文献分析，归纳抽取出能体现不同改革时期对市场化观念有所推动或围绕市场化观念集聚起来的关键词汇与话语，并将其置于中国社会转型与政治经济体制改革的历史语境下以及传媒体制改革的动态实践中予以充分考察及阐述，从而呈现40余年来中国传媒体制市场化改革路径的形成与演进轨迹，以此获得对中国传媒体制改革的阶段性特征及党管媒体原则的历史定位更为深刻的理解。

---

[1] HALLIN D C, MANCINI P. Comparing media systems: three models of media and politics[M]. New York: Cambridge University Press, 2004: 12.
[2] 童兵. 中国共产党党管报纸的制度构建及其改革 [J]. 兰州大学学报（社会科学版），2011(4): 1-5.
[3] 陈宗胜. 中国经济体制市场化进程研究 [M]. 上海：上海人民出版社，1999: 6.

一、传媒体制改革的开启与传媒自主权诉求的提出（1978—1992）

1978年之前，中国传媒体制事实上是苏联传媒体制在中国的复刻与位移，中国建立起了以喉舌论为基点的党报（台）体制，将媒体单位视为党和国家理念与意志的产物。于是，媒体单位党政化，党委包揽新闻业务、事业发展、人员管理等一切事务，并将媒体单位列入党和政府机构的组成序列，[1] 媒体单位的外部领导与内部管理机制都依赖于行政命令。

直至1978年改革开放后，解放思想、实事求是、发展社会生产力与实现现代化，成为当时中国最大的政治诉求与经济期许。改革既有体制，从而推动思想创新与生产力发展成为当时中国的应然之选。随着计划经济向商品经济转变以及国家对党政权力过分集中问题的解决，传媒体制面临着调整与变革。1978年，财政部批准了《人民日报》等八家媒体单位要求施行"事业单位，企业化管理"的报告，由此，"事业单位，企业化管理"成为统领中国传媒运作数十年的体制框架，对中国的传媒体制改革与发展产生了重大且深远的影响。

"事业单位，企业化管理"实行后，党和国家不再包揽传媒单位一切事务，将一部分权力下放给传媒单位。根据政策，传媒单位可从经营收入中提取一定比例费用用于增加员工收入和福利，以及改善自身的条件。但是，由于"企业化管理"是基于适应新的商品经济以及缓解传媒单位财务压力而提出来的，因此，人们对传媒单位是事业单位的基本认知并未改变，国家也未明确传媒业的产业属性，因此，在20世纪80年代初期，受传媒业强烈的意识形态属性影响，"体制改革"一词在很长一段时间内未进入人们讨论传媒改革的话语体系，传媒体制改革观念也并未明显显现于人们的意识之中。

虽然这段时期人们对传媒改革的讨论多回避"体制改革"一词，但传媒体制改革在实践层面随着"企业化管理"的推进逐渐展开，新闻报道强调用事实说话，追求"新、短、多、广"，批评报道得以恢复，广告经营、自办发行甚至多种经营也纷纷出现。然而，由于关于传媒体制改革的讨论并未形成，传媒体制的具体发展方向与改革路径并不明朗。

20世纪80年代中后期，党的十三大提出加快和深化改革，并将政治体制改革提

---

[1] 葛玮. 中国特色传媒体制：历史沿革与发展完善[J]. 中国行政管理，2011(6)：12.

上议程。获益于经济体制改革的推进，商品经济的发展，以及宽松的政治环境，传媒单位经营自主权扩大，"传媒体制改革"[1]的说法逐渐出现。诸如"新闻改革的本意是新闻体制改革"[2]、"新闻体制改革是新闻改革的一项主要内容，新闻体制改革势在必行"[3]等言论日益频繁地见诸报刊，一些关于传媒体制改革的研讨会也纷纷召开。这些都体现出人们认识到传媒体制改革的急迫性。

其实，也正是因传媒体制改革目标尚未明确，这一阶段的讨论关于传媒体制改革的话语内容是丰富且复杂的，任何简单的概括都会导致对传媒体制改革观念认识片面化的风险，但是从新闻采编业务、传媒管理体制及传媒运作机制等传媒体制构建的核心环节来看，传媒学界、业界就传媒体制改革提出的各种具体意见与方案可集中归纳为以下三种。

第一种，以新闻采编业务改革为突破口的体制改革观。这种观点认为，传媒体制改革的焦点是扩大传媒单位的自主权，放宽新闻报道的领域，减少领导机关对新闻宣传业务的干预。[4]持该观点的学者推崇由业务改革过渡到体制改革的模式，主张先通过业务改革让新闻工作者掌握传媒改革的主动权，然后再通过外部大环境的改善实现传媒体制改革。[5]

第二种，将体制改革理解为传媒单位的领导体制与管理体制改革。一些学者将传媒体制改革视为政治体制改革的一部分，[6]认为在党的十三大确立党政分开的背景下，传媒界也应该实行党政分开。同时，传媒单位的主管部门应放权并弱化行政特色，从而改变当时传媒体制的严重行政化倾向，赋予传媒单位必要的自主权以调动工作

---

[1] 由于"传媒"一词自西方传播学引入中国后方出现，因此，早期论述以及当前的部分论述采用"新闻体制改革"的说法。但事实上，大量关于"新闻体制改革"的论述已远远超出新闻范畴，故本文除引述内容外，统一采用"传媒体制改革"的表述。

[2] 王晨. 新闻改革的思路 [J]. 群言，1988(6)：25.

[3] 来玉堂. 新闻领导体制必须改革 [J]. 新疆新闻界，1988(3)：5-6.

[4] 康荫. 新闻体制与舆论监督探析 [J]. 北京广播学院学报，1988(4)：1-5；吕民生. 新闻改革不只是新闻界的事——复旦研究生访问首都专家学者就新闻改革和政治体制改革的关系各抒己见 [J]. 新闻记者，1989(3).

[5] 姚文华. 中国社科院新闻研究所建所十周年学术讨论会综述——新闻改革任重道远 [J]. 新闻知识，1988(11)：4-5.

[6] 甘惜芬，首都新闻学会. 首都新闻学会举行学术讨论会 学习十三大政治报告 探讨新闻改革 [J]. 新闻与写作，1987(12)：39.

者的积极性与创造性。[1]

第三种，体制改革的关键问题在于推动传媒企业化改革的观点。党的十三大后，随着经济体制改革的深入，越来越多的传媒单位朝向企业化经营的方向发展。20世纪80年代，传媒业的产业属性不仅得到了官方认可，[2]还得到了学界与业界的普遍认同，传媒单位企业化经营的思想障碍由此得到进一步破除。当时的一项调查显示，"95.6%的新闻工作者主张新闻单位开展多种形式的经营活动并实行企业化管理，以实现新闻单位的经济自立"[3]。

显而易见的是，伴随着传媒体制改革实践朝着企业化管理方向发展并以"摸着石头过河"的方式展开，传媒体制改革观念也发生了改变：虽然在传媒体制改革具体思路上，这一阶段出现的众多观点之间存在着理解上的分歧，但可以明确体察到人们对传统行政化传媒体制的价值批判，对改革，对党和国家权力下放以及传媒单位自主权的获得与自主性的建立的期许。但是，由于当时在认识层面，人们对计划与市场、市场经济与资本主义、社会主义之间的关系尚未厘清，虽在经济改革实践中承认市场在资源配置上的作用，但仍强调"计划为主，市场为辅"，因此，"市场化"一词并未明确出现在对传媒体制改革的讨论中，但是众多论述中所出现的党和国家权力下放以及建立媒体自主权的建议却隐含着依靠市场机制实现对行政垄断的突破的观念。

二、市场经济改革目标确立及市场化改革共识达成（1992—2003）

1992年年初，邓小平南方谈话与党的十四大召开不仅解除了把计划经济和市场经济看作社会基本制度范畴内概念的思想束缚，而且明确了建立"社会主义市场经济"的改革目标，由此，传媒体制改革及其观念变革进入新的历史阶段，市场化逐渐成

---

[1] 长缨，东生. 对新闻改革中热点与难点的思考——中宣部新闻局、青年记者协会联合召开新闻改革座谈会综述 [J]. 新闻实践，1988(2)：3-4.
[2] 1987年，国家科委将"新闻事业"和"广电事业"纳入"中国信息商品化产业"序列，标志着国家对新闻业产业属性有了初步认识。1988年，新闻出版署和国家工商行政管理局颁布了《关于报社、期刊社、出版社开展有偿服务和经营活动的暂行办法》，正式规定了报社等出版实体可以兼营广告，可以利用经济、科技、文化、教育、法律、卫生、生活等方面的信息，为社会提供有偿服务。
[3] 喻国明. 新闻改革实践的主体研究和发展研究——对全国新闻界关于新闻改革问题抽样调查的研究分析报告 [J]. 中国广播电视学刊，1989(2)：4-12.

为人们的共识。

"外部断奶，内部搞活"成为20世纪90年代初期被广为传播的改革口号，并逐步落实于传媒单位的经营实践中。"外部断奶"即传媒单位不吃"皇粮"，不再享受国家财政拨款，也不再依靠政府补贴。"内部搞活"，最重要的就是简政放权，使每个部门和每个员工得到相应的责、权、利，从而调动起传媒单位内部从上至下各方面的积极性、主动性和创造性，实现其目标与决策。[1]总之，"外部断奶，内部搞活"，将市场机制引入传媒单位，促进了传媒单位的经济独立，也使得传媒单位获得了更多的自主权。

20世纪80年代"企业化管理"的出现是为了应付"文革"结束初期国家经济困难下的传媒单位财务危机，"企业化管理"引发了传媒单位自主性意识觉醒及最初自主权诉求显现，20世纪90年代"企业经营"与"内部搞活"的提出，是市场经济被正名以及市场化改革取向明确后，传媒单位自身经济属性不断彰显过程中其对经济利润进一步追求的集中体现。随着传媒单位市场化改革实践的不断深入，其体制改革观念也开始涉及改革的具体路径和措施，并逐步由企业化深入到集团化与资本化。

首先，传媒单位企业化改革观念得以明确与落实。改革开放后，在企业化管理政策指引下，传媒单位广泛开展创收经营活动，至20世纪90年代初期，全国已有三分之一的传媒单位基本实现了收支自负。[2]市场经济体制的确定，进一步凸显了传媒单位走向市场、转为企业的必然。童兵的观点在当时的众多论述中颇具代表性，"绝大多数传媒机构要走向市场，要在新闻市场上谋一席之地，应该是现时代中国新闻事业发展的题中应有之义……因此，成为完全的企业法人，是完成新闻体制改革的前提"，同时，"党和政府对其必要的调控，要纳入法制轨道"[3]。这些观点与实践层面的传媒体制改革相呼应，如20世纪90年代羊城晚报报业集团实行社长领导下的总编辑与总经理分工负责制，金华日报社进行了股份制改造，哈尔滨日报社注册企业法人，这些改革都意图塑造新闻媒体的企业法人身份。

其次，集团化被视为深化传媒体制改革的必经阶段。20世纪90年代中期，国内

---

[1] 童兵.正确的抉择 重大的胜利——纪念中国新闻改革30年[J].新闻记者，2008(6)：4-11.
[2] 张宝贵.必须改革新闻领导体制[J].新闻知识，1993(12)：6-7.
[3] 童兵.从"外部断奶，内部搞活"说起——兼议新闻体制改革的目标设定[J].新闻知识，1998(6)：23-25.

传媒界组建报业集团的呼声渐起。这段时期关于报业集团化的论述主要集中在两个方面上：一方面，从报业集团的产业属性出发，认为报业集团是报业经过十余年新闻体制改革后，实现多层次、多类别报业结构发展以及多种经营的报业走向规模化的必经阶段，是报业综合实力竞争和结构性重组的开始阶段，[1] 也是"我国计划经济时期的单一机关报新闻体制，向多品种、多功能的市场经济新闻体制转化的过渡形式"[2]。另一方面，认为可以通过组建报业集团改革报业管理体制，通过"两级治理"的方式使报业集团中党报党刊起到带头作用，强化报纸的宣传与舆论引导功能，并形成新闻宣传的集团效应。[3] 由此可以看出，关于集团化的最初设想，既考虑到了市场经济下的传媒单位如何通过集团化实现规模扩大，增强经济优势，又考虑到了集团化后如何加强党报党刊在政治与舆论上的引导作用。于是，集团化观念提出后不久便获得了党和政府的回应，中宣部和新闻出版署于1996年年初正式批准广州日报社组建中国第一家报业集团，由此，集团化从观念层面的呼吁转为实践层面的运作。

最后，资本化逐渐被人们所接受，并成为传媒体制改革的关键环节。相对于企业化与集团化，资本化在传媒体制改革领域是一个更为敏感的词语，"由于担心资本的逐利性影响到传媒的导向性，传媒业一直对资本市场采取一种抵触的态度"[4]，而且，出于对传媒单位控制权的考量，国家政策也并不支持新闻传媒业以外资本的进入。但是，经历市场化改革后的传媒单位因经营规模迅速扩大，面临的市场竞争日益激烈，表现出对资本的强烈渴求。

自20世纪90年代末开始，虽然资本化并未为官方明确认可，但传媒单位将资本运作视为企业化经营的内容之一，开始在实践层面通过投资新闻传媒业外的行业、与其他公司合作经营新闻传媒相关产业、对传媒单位下属企业进行股份制改造、参股上市公司、直接上市融资等方式进行资本运作。[5] 中国加入WTO后，传媒单位单靠自身积累难以应付来自国际传媒集团的竞争，于是，传媒单位通过资本运作来增

---

[1] 杨文增. 试论我国报业集团化趋势 [J]. 新闻与传播研究, 1998(3): 9-12.

[2] 江坪. 适应形势发展 组建报业集团——关于筹建浙江报业集团的几点思考 [J]. 新闻战线, 1994(9): 27-28.

[3] 广州日报社务委员会. 建设社会主义现代化报业 为中国报业的改革和发展探索新路 [J]. 新闻大学, 1996(2): 12-15.

[4] 朱学东. 叩问传媒资本市场 [J]. 传媒, 2004(9): 8-15.

[5] 赵曙光. 浅析我国媒介产业的资本运作 [J]. 传媒观察, 2002(2): 25-27.

强控制力、竞争力与抗风险能力成为资本化进入官方话语体系的重要语境。2001年，中共中央办公厅、国务院办公厅发布了"17号文件"，提出开辟安全有效的融资渠道，提高资本运作效率，由此，传媒单位开始正式进行资本运作。

从21世纪初开始，资本化与资本运作的论述大量出现于传媒体制改革的有关讨论中。在很大一部分的专家学者看来，资本多元化可以改善传媒单位由于资本来源单一而导致的体制与机制惰性，"资本属性和结构的改变可以从根本上改变领导和决策体制以及激励机制"[1]。在此后关于传媒体制改革的众多论述中，资本运作被视为推动传媒业朝向市场化与规范化发展的重要途径。

因此，自20世纪末至21世纪初，在市场经济体制改革不断深入的过程中，企业化、集团化以及资本化成为人们理解传媒体制改革的核心词汇，以市场化为取向的传媒体制改革观念为人们所接受并最终得到普遍认同，但是，由于"事业单位，企业化管理"体制框架的约束以及缺乏体制改革目标体系的完整设计，传媒体制改革及其观念创新只能继续以"临场发挥"的方式对具体改革路径进行不断摸索。

三、文化体制改革的深入及对市场化的反思及超越（2003年至今）

改革开放以来，中国经济改革目标逐渐变为建立一个监管有效且充分竞争的市场经济。在这一过程中，既获益于政治环境的开放，又获益于社会主义市场经济制度的确立与完善，新闻单位的市场化改革日趋深入，经济自主性日益增强。但是，新闻单位作为事业单位的体制性桎梏依然存在，这一桎梏逐渐成为其走向市场化的最大障碍。与此同时，全球传媒商业化浪潮、"入世"后西方媒体的挑战以及西方传媒体制的强大示范效应也给中国传媒体制带来改革压力。于是，在国内新闻体制困境凸显和国外新闻媒体与体制给国内新闻单位带来竞争压力的双重作用下，破除事业单位身份障碍与做大做强传媒业在21世纪初成为人们讨论传媒体制改革时的核心命题，[2]最终，借助新一轮文化体制改革的启动，这两方面都取得了突破。

2002年年底召开的党的十六大在做出坚持社会主义市场经济改革方向，继续深化经济体制与政治体制改革的决定的同时，提出要推进文化与传媒产业的体制改革，并

---

[1] 李韵奕.资本多元化与传媒业观念和体制创新 [J].新闻界，2004(5)：23-29.

[2] 胡正荣，李继.我国媒介规制变迁的制度困境及其意识形态根源 [J].新闻大学，2005(1)：3-8.

将文化体制改革作为市场化改革的新领域。由此,2003年年初启动的文化体制改革的重点是,对公益性文化事业和经营性文化产业予以分类经营,并通过发挥市场机制的作用来发展文化产业。在文化体制改革的政策框架下,新闻出版体制改革与广播影视体制改革随之展开,在分类改革的基础上,非时政类报刊社、重点新闻网站、广播影视企业与出版社纷纷踏上了"转企改制、重塑市场主体"的路途,从而在事业单位向企业身份的转型与市场化运作实践中实现了对传统传媒体制的突破和革新。

另外,最新崛起的数字技术与新媒体也对传媒体制提出挑战并迫使其创新。从最早期的新浪、搜狐到阿里巴巴、腾讯等新媒体公司,它们无论是在企业制度层面还是在政府管制方面都与传统媒体有着鲜明区别。它们刚一出现即以独立的市场主体姿态进行运作与管理。在数字技术发展带来传媒产业格局调整的情境下,新媒体借助制度优势与技术优势对传统媒体形成了挤压。在此背景下,中央于2014年8月出台了《关于推动传统媒体和新兴媒体融合发展的指导意见》,力图建立新媒体与传统媒体相融合的新型传媒集团。这一文件的出台显示出党和政府既希望通过集团化的方式将崛起的新媒体纳入传媒体制范畴,又希望利用之前一直位于传媒体制外的新媒体的更为市场化的运作方式带动和推进传媒体制的改革与创新。

这段时期,传媒体制改革的相关论述基本都围绕着有关文化体制与传媒体制改革的政策文件中提出的改革路线展开。而正是这些政策文件共同构成了一个从宏观传媒管理体制到微观传媒企业制度的相对完整、缜密的传媒体制改革整体框架。因此,现阶段的传媒体制改革观念和话语涵括了宏观层面的传媒行业管理和微观层面的媒体机构内部企业制度与组织框架内容,从中可梳理出较为清晰的改革目标与具体的改革思路。从分类改革语境下对传媒管理政策创新与政府管理体制改革具体路径的探寻,[1]到转企改制过程中对传媒企业的产权制度改革与现代企业制度建立的思考,[2]再到组建新型传媒集团背景下对传统媒体经营理念与运作机制的重构,[3]这些都围绕着如何重塑传媒市场主体与充分发挥市场机制作用而展开。

---

[1] 李向阳.论通向分类改革的政策创新[J].现代传播(中国传媒大学学报),2011(3):1-10.
[2] 肖赞军.传媒现代企业制度由模拟到创建[J].当代传播,2007(2):41-43;郭全中.传媒单位转企改制不是终点站[J].青年记者,2008(28):21-22;钱广贵.论国有传媒企业的产权制度改革[M]//武汉大学媒体发展研究中心.中国媒体发展研究报告·2013年媒体卷.武汉:武汉大学出版社,2014:387-391.
[3] 朱剑飞,胡玮.主流风范:融合发展浴火重生——加快我国新型媒体集团建设的若干思考[J].现代传播(中国传媒大学学报),2014(11):12-19.

如果说，之前人们的传媒体制市场化改革观念更多的是从分散、个体性的媒体实践中生成，呈现出极其明显的临场发挥特征，并因此形成了对市场化改革具体实践方式的不同理解，那么，在文化体制改革背景下持续推进的传媒体制改革观念则是在系统化的市场取向改革框架下，在一整套改革目标与逻辑统一的传媒体制改革话语体系中被呈现出来。

与此同时，随着传媒体制市场化改革路径的逐渐形成及日趋深入，一些学者，甚至作为政策制定者的政府部门也开始正视与反思当前市场化改革路径上存在的问题。事实上，传媒体制改革观念正是在人们对已有新闻体制改革予以反思的过程中形成的。只是如前文所论述的那样，20世纪80—90年代的反思集中于对传媒体制中行政型因素过多、市场化改革缺位与不足的忧虑，由此，推动传媒体制改革的观念与实践朝着如何深入推动市场化的方向发展；而从20世纪90年代中后期开始，对传媒体制的反思则逐步过渡到对不断市场化的新闻媒体的社会责任缺失与公共利益边缘化的警觉。

在部分学者看来，之前的传媒体制改革虽然在一定程度上解决了权力下放与传媒机构的自主性问题，但"从20年前的泛政治化到今天的政治化加商业化，恰恰失落了公共利益目标"[1]。他们将新闻体制改革的未来寄希望于公共利益的导入，认为"新闻体制改革，最终将是政治派别利益、媒体产业利益与公众利益的博弈"[2]，"如何在政治利益、经济利益和公共利益这三点之间找到一个平衡点成为制度变迁的一个最重要的问题"[3]。这种市场化改革中公共利益与社会责任缺失的现象同样也引起了政府的注意，"把深化文化体制改革，推动经营性文化事业单位转企改制，简单地理解为产业化和市场化，显然是一种误解……即使发展文化产业，也要坚持内容为王，要坚持正确的导向，要注意承担社会责任，要坚守道德底线，要维护社会的团结和谐"[4]，"在改革过程中，既要防止过分强调社会主义新闻传媒的特殊性而拒绝在体制机制层面对媒体进行市场化的改革探索，也要警惕片面强调传媒的市场化改革，使得特殊利益集团和私人资本影响和控制媒介，从而妨害和抑制传媒的公共

---

[1] 夏倩芳. 公共利益界定与广播电视规制——以美国为例 [J]. 新闻与传播研究，2005(1)：53-58.
[2] 夏倩芳. 公共利益界定与广播电视规制——以美国为例 [J]. 新闻与传播研究，2005(1)：1-10.
[3] 胡正荣，李继东. 我国媒介规制变迁的制度困境及其意识形态根源 [J]. 新闻大学，2005(1)：3-8.
[4] 蒋彦鑫. 深化文化体制改革并非简单市场化 [EB/OL].(2012-11-12)[2020-10-01].http://www.bjnews.com.cn/feature/2012/11/12/233104.html.

性和社会公众自由表达的权利"[1]，这些内容数次被政府官员在不同场合强调。

从这种反思出发，传媒体制的市场化改革推动了政治利益与经济利益的结盟，却并未为公共利益提供制度保障，导致公共利益只能游走于边缘地带。因此，下一步传媒体制改革的关键也正在于公众力量和公共利益的引入与体现。与之相应的，传媒体制改革如何超越一直依赖的市场力量，并努力构建"新闻传媒的公共性"成为部分政策制定者与研究者近年来着力探讨的话题。[2]

于是，2003年后，得益于现有改革政策框架对改革方向与路径的整体安排，传媒体制改革观念具有了较为系统的话语体系，同时，人们对当前传媒体制改革路径的反思也不断增多。新闻媒体的公共利益与健康发展逐渐受到关注，部分人建议通过公共性的引入超越单纯市场取向改革的弊端以重构传媒体制。

四、传媒体制改革特征：市场化改革与党管媒体原则的并行

通过对中国传媒体制改革关键词汇与话语的考察，我们可以清晰地勾勒出改革开放后中国传媒体制市场化改革观念从出现到达成共识，再到形成路径反思的演进历程，并更为深刻地把脉到自上而下的官方话语及其背后意识形态以及自下而上的传媒从业者与研究者们的民间叙述和观念意识在演进过程中的角力与互动，从而发现这种市场化观念的形塑过程体现出了一种官方意识形态主导下的可协商式观念创新。

一方面，之所以市场化观念能在传媒体制改革领域形成并被广泛接纳，是因为整个社会层面的市场取向改革是党和政府推动的。中国的市场化改革并不是从社会经济生活中自发演变出来的，而是在顺应时代潮流及保持政治稳定的背景下由政治家领导或者说是由政府主导的改革。[3]政府作为社会主义市场经济的组织者和推动者为经济市场化的改革和发展制定蓝图，从而建立起一种"政府主导的市场经济模式"[4]，并在这一过程中出台各项配套改革政策与措施，对经济体制、政治体制以及文化体制进行适应性调整。

---

[1] 杜大力.中国出版体制改革的政治学分析[J].新闻与传播研究，2011(4)：97-104.
[2] 张金海，李小曼.传媒公共性与公共性传媒——兼论传媒结构的合理建构[J].武汉大学学报（人文科学版），2007(6)：863-867.
[3] 李晓西.中国经济改革30年：市场化进程卷（1978—2008）[M].重庆：重庆大学出版社，2008：24.
[4] 董辅礽.走向市场化的中国经济[M].北京：经济科学出版社，2001：520.

于是，传媒体制改革观念作为对一种传媒体制改革原则与规范的理解和认识的集合，其形成与演进的动力极大地依赖于党和政府出台的有关传媒体制的各种政策、文件以及由其对传媒体制改革过程中各种报告和观点的批复与反馈所构建起来的官方话语框架。无论是1978年"事业单位，企业化管理"的报告被官方批准后，传媒体制改革观念的出现及关于体制改革方向的讨论；还是20世纪90年代市场经济体制确立与"外部断奶，内部搞活"口号提出后，人们对传媒单位双重属性的确认以及对市场化改革方向的认同；或是在2003年文化体制改革提出"分类改革"与"转企改制、重塑市场主体"背景下系统化传媒体制改革观念的建立，它们都是在官方话语框架所提供的体制空间内进行的观念创新。并且，党和政府也会根据自己对传媒体制改革的期许，以修正、确认或默认的方式来引导传媒体制改革观念的形成，并最终落实于体制改革的实践中。于是，在党和政府主导的市场化改革中演进的传媒体制改革观念也必然受到官方意识形态及其呈现的话语框架的制约与影响。

另一方面，官方意识形态的"主导"并非体现为"完全控制"，而是一种主导前提下的可协商式观念塑成。在这一过程中媒体从业者与研究者自下而上的依托体制改革实践的观念创新与突破的动力一直强烈且持续，并直接影响着官方意识形态及其话语体系。20世纪80年代后期出现的传媒体制改革就是对自20世纪70年代以来在实践层面进行的"事业单位，企业化管理"的回应，并且在传媒单位前期近10年的实践探索经历的基础上，国家提出了在新闻业务、领导体制与企业化管理方面的下一步改革方向的设想。20世纪90年代初期，市场经济体制的确立也使传媒体制改革观念与实践产生一系列转变。先是人们就传媒体制的市场化改革达成共识，之后传媒实践者与研究者又在体制改革的市场化实践中进行观念创新。如企业化的观念形成于传媒单位企业经营方式的改革与企业法人身份的确立之时；集团化观念提出的背景为报业结构多样化后开始进行结构重组；资本化观念则来源于传媒单位经营规模扩大后的资本需求。这些观念都是在传媒单位进行个体或局部的实践探索中形成的，并在理论升华后被用来进一步指导与推动传媒体制改革实践的深入，并最终被纳入官方传媒体制改革话语体系。

目前，文化体制改革已经具备系统的市场化改革框架，在这种背景下展开的传媒体制改革正在积极探寻这些改革目标的具体实践道路。研究者们也更为积极地探寻通过理论工具解决实践难题的有效途径。一些社会学、管理学、经济学的相关理论与研究方法被引入传媒体制改革的思考范畴，如借鉴公共选择理论对传媒集团化进行理论检视，[1] 运用制度分析方法分析传媒制度变迁[2]等，以此来进行符合中国传媒体制改革实践的观念与理论的创新。因而，传媒体制市场化改革观念的演进过程也是由传媒业界和学界参与建构的观念的创新过程。

20世纪70年代末，中国传媒体制改革的起步阶段工作是"恢复党的新闻事业的优良传统"[3]，20世纪80年代所提出的对新闻业务、传媒单位管理体制以及传媒单位企业化改革的观念都是在"党的新闻事业"语境中形成的，而"事业单位，企业化管理"体制框架下对传媒单位"事业"属性的强调，以及人们的改革设想中都将新闻媒体的事业单位性质视为体制改革不可动摇的底线，实际是在制度与观念层面体现了"坚持党的领导"。20世纪90年代后，虽然市场经济的崛起以及市场化新闻媒体的大量出现引发了人们如何发展"党的新闻事业"的疑惑，但是在企业化、集团化与资本化改革的相关表述中，"坚持党的领导"一直居于话语体系的核心位置：在企业化观点中，与"推动传媒单位成为企业法人"一同出现的是"党和政府对其必要的调控"[4]；集团化观点则是党报党刊应在集团内部占据主导地位；资本化过程中，推动传媒资本运作的2001年的"17号文件"对"党管媒体不能变""确保党对新闻业的领导"的数次重申，表明了"坚持党的领导"是传媒体制改革的重要原则。而且，"坚持党的领导"也一直深植于传媒单位的管理者与从业者的观念中。进入21世纪后，传媒体制改革的制度语境转换为"深化文化体制改革"与"大力发展文化产业"，但关乎传媒体制改革的诸多文件所设定的"分类改革""建立市场主体"和"建立有效的现代企业制度"的改革目标仍旧与政治体制改革中的"建设法治政府""依法行政"和"改善党的领导"紧密结合。曾有学者给出这样的结论，"在'中国特色社会主义'的语境下，中国的新闻体制改革始终在'党管媒体'的根本制度下进行"[5]。与之相应的，"坚持党的领导"一以贯之地影响并框定着传媒体制改革研究者与实践者的观

---

[1] 冉华，梅明丽.中国传媒集团化发展的历史检讨[J].江西社会科学，2005(2)：37-42.

[2] 周劲.转型期中国传媒制度变迁的经济学分析——以报业改革为案例[J].现代传播（中国传媒大学学报），2005(1)：93-96.

[3] 潘忠党.新闻改革与新闻体制的改造——我国新闻改革实践的传播社会学之探讨[J].新闻与传播研究，1997(3)：62-80.

[4] 童兵.从"外部断奶，内部搞活"说起——兼议新闻体制改革的目标设定[J].新闻知识，1998(6)：23-25.

[5] 夏倩芳.党管媒体与改善新闻管理体制——一种政策和官方话语分析[J].新闻与传播评论，2004(1)：12.

念。他们的理论与实践探索也都是在"坚持党的领导"的前提下进行的。

但在传媒体制改革的现有论述中,关于如何在制度安排方面切实实现党的领导的表述都较为模糊。这既使得"党的领导"面临流于形式主义与口号化的风险,又使得"党的领导"存在泛化和过度干预的可能。而"党的领导"在传媒体制改革中的作用的明确化与规范化,还有赖于政治体制改革,特别是党和国家领导制度改革的推进。

因此,中国传媒体制是官方意识形态与民间思想观念共同作用下,传媒体制改革实践原则和规范的基础性与统领性意识形态革新落实于实践的结果。在传媒体制市场化改革的过程中,党管媒体原则始终相伴而行。传媒体制改革的深入与创新既有赖于经济、政治等一系列社会改革的推进,又依赖于传媒实践者与研究者在传媒体制改革中的思想解放、理论突破与实践创新。

第三节 中国传媒企业(组织)治理结构的建立与变迁

作为传媒体制改革中重要且关键的一环,"传媒治理结构"于21世纪初成为中国传媒实践与研究的重要话题。2001年8月,中共中央办公厅、国务院办公厅转发《中央宣传部、国家广电总局、新闻出版总署关于深化新闻出版影视业改革的若干意见》,要求新闻出版广播影视业"健全党委领导与法人治理结构相结合的领导体制","传媒治理结构"及其改革目标首次正式出现于官方话语体系之中。

在实践层面,在跨国传媒集团不断涌入,新媒体的迅猛发展给传媒集团带来巨大冲击,以及中国传媒集团在自身发展过程中遭遇体制"瓶颈"与障碍背景下,文化体制改革终于在2003年拉开帷幕,传媒改革也逐渐由"增量改革"转向"存量改革"。当进入"重塑传媒市场主体,建立现代企业制度"的体制改革攻坚阶段,对现代企业制度的重要架构——传媒治理结构的改善问题亟待解决。

通常而言,公司治理结构作为一种制度安排,决定公司为谁服务,由谁控制,风险和利益如何在各利益群体之间分配等一系列问题。[1] 在公司治理结构的研究中,阿吉莱拉(Aguilera)总结出两种迥然的对公司的认知。第一种认知,将公司视为一种经

---

[1] 梁能,等.公司治理结构:中国的实践与美国的经验[M].北京:中国人民大学出版社,2000:4.

济单位，集中于研究组织运作的内部动力。此种认知的一个基本假设是，股东、董事和经理之间存在着根本的利益冲突，他们在很大程度上将公司视为一个"黑箱"，而不是一个网络的连接点或组织环境中的一个单位，因而无法找到治理结构形成的外部影响因素。第二种认知更为宽泛也更具解释力。它认为不应将公司当成孤立的社会单位，应将公司置于"生存环境""制度环境"或关系网络这样的外部环境之下进行研究。[1]

由此，所谓的"传媒治理结构"即关于传媒由谁控制，为谁服务，各项权、责、利如何在不同利益群体之间分配的制度安排。而要准确理解中国传媒治理结构，就必然要认识到传媒治理结构既然内生于它所处的制度环境，对其分析需要结合它所依存的时代背景与制度环境，强调治理结构依存的现实条件与资源。

在中国政治与经济都发生急剧转型的历史语境下，梳理置身于其中的中国传媒治理结构的历史脉络，展示宏观层面的制度背景如何影响微观层面的制度设计，并描述与分析中国传媒市场化改革及制度变迁的独特演进路径，有助于我们更好地把握传媒治理结构改革的未来。

处于政治经济转型背景下的中国传媒治理结构改革，呈现出一条非常独特的变迁轨迹：一方面，传媒机构拥有经济属性以及政治与意识形态属性，这就决定了传媒机构除了要赚取利润外，还要承担政治与意识形态宣传等多重治理任务，而且采编权、所有权和经营权都颇为重要，故而传媒治理结构与一般公司治理结构相比具有较大的特殊性；另一方面，中国的从计划经济到市场经济的转型路径，使传媒治理结构的初始设计及其发展和变革都与国外传媒集团（或公司）大相径庭。因此，中国对传媒治理结构的设计与安排甚为小心，且由于缺乏明确的参照体系，"摸着石头过河"成为其制度变迁历程的最真实写照。

一、"总体性社会"下行政型治理结构的建立

在三大改造完成之后形成"总体性社会"[2]的历史环境中，传媒治理结构安排沿用了党政部门的行政治理模式。

---

[1] 费德罗维奇,阿吉莱拉.转型经济和政治环境下的公司治理：制度变革的路径[M].罗培新,译.北京：北京大学出版社,2007：23-87.

[2] 孙立平,王汉生,王思斌,等.改革以来中国社会结构的变迁[J].中国社会科学,1994(2).

在传媒领域，这种行政型治理结构的特点体现为以下三个方面。第一，在所有制和产权归属上，全国所有的报纸、通讯社、广播电台都采取公有制，产权属于国家。第二，传媒机构作为国营事业单位，分为中央级、省级和县市级，"媒体在科层式权力结构中的位置决定了它地位的高低和权威的大小，媒体及其领导人的行政级别，新闻源的获得，言论及新闻受重视的程度，主要取决于媒体的政治地位和行政级别"[1]。第三，在传媒机构内部采取编委会领导下的总编辑负责制。总编辑（或社长、台长）由党委（或主管部门）任命或批准，编委会由总编辑挂帅，经党委（或政府、主办部门）分层授权，主要依靠党的思想政治、干部人事和纪律约束来管理传媒机构内部的各项工作。（见图3.2）。

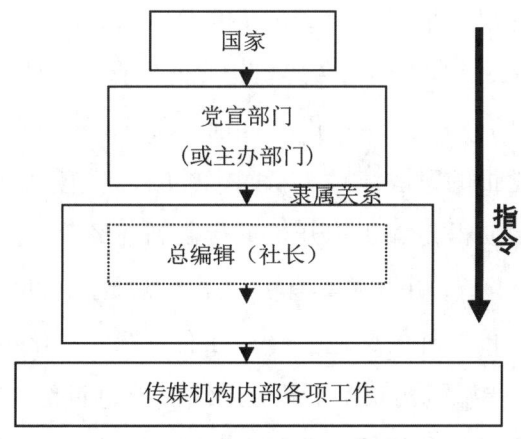

图 3.2　行政型传媒治理结构

资料来源：作者整理。

行政型治理结构与当时的社会情境极为契合。经历了长期战乱的中华人民共和国，百废待兴，要在短时期内鼓舞数量巨大的人民群众拥护中国共产党的领导，积极投身于社会主义建设中，故而，这段时期国家只强调传媒机构的政治与意识形态属性，而其经济属性被完全忽略掉了。传媒机构治理结构以党政权力为逻辑起点和归属并由行政机制所支撑，党组织成为传媒治理结构的最高权力主体，强调以纵向且单向性的政治程序和行政层级为基础的命令决策机制，从而形成"资源配置行政化、经营目的行政化与人事行政化"[2]的高度政治化的行政治理特色。

---

[1] 丁和根.中国传媒制度绩效研究[M].广州：南方日报出版社，2006：24.
[2] 李维安，武立东.公司治理教程[M].上海：上海人民出版社，2002：294，296，297.

二、"放权让利"推动行政型治理结构改革

"文革"以后，以经济领域的改革实绩作为新时期政党统治合法性新来源成为一种必然的选择。"经济工作是当前最大的政治，经济问题是压倒一切的政治问题。""政治工作要落实到经济上面，政治问题要从经济的角度来解决。"[1]此部分内容在1978年的中共十一届三中全会上被表述为，"将党的工作重心转移到经济建设上来"。在重新确立党的政治路线和工作重心这种政治改革的方式，发动经济体制改革的过程中，[2]"放权让利"成为这一阶段改革的核心内容。

这种"放权让利"在传媒领域中体现为，自1978年开始，"事业单位，企业化管理"政策推动了所有权与采编权、经营权的适度分离，采编权与经营权被部分下放至传媒机构。一方面，财政部门与传媒机构之间实行旨在使传媒机构"独立核算，自负盈亏，照章纳税"的"承包合同制"，之前，政府全额负责传媒机构的运作经费，之后，政府仅承担对党报的财政津贴、新闻纸补贴，政府财政负担大幅减轻；另一方面，广告经营的重启使得传媒机构开始进行营利性经营，由此，传媒机构拥有了一定的财政自主权与经营权，并开始具有了独立于党政主管部门之外的"本位利益"。而传媒机构的除政治宣传之外的舆论监督、社会协调、文化传承、休闲娱乐等功能的逐渐被认可，也使得传媒机构获得了部分采编权。20世纪80年代中期，《羊城晚报》率先实行社长领导下的总编辑、总经理分工负责制，经营权的部分获取使得经营部门获得了与编辑部门同等的地位。与之相对应，对利益的分配和由此产生的激励措施越来越多地从政治层级的升迁转向市场利润的获取上。

20世纪90年代初期，市场经济被予以制度认可，传媒行业的产业属性也得到官方认定，雪藏多年的传媒经济属性终于显现出来。传媒机构迫切希望能扩大规模以获得更多的市场利润；与此同时，经过多年发展，传媒机构数量迅速增长并呈"散、滥"趋向。以报纸为例，中国报纸从1978年的186种发展到1997年的2,202种。[3]因此，政府希望以集团为龙头，以两级治理的方式加强传媒管理和舆论监督。当传媒机构的经济追逐与政府的政治需求相耦合时，集团化就成为此时传媒机构发展的现实选择。

---

[1] 邓小平.邓小平文选（第二卷）[M].北京：人民出版社，1994：231.

[2] 俞可平.中国治理变迁30年（1978—2008）[M].北京：社会科学文献出版社，2008.

[3] 黄旦，邬晶晶，陈静静.中国"报业集团化"话语分析：加入WTO前后[J].新闻大学，2003(3).

而此前于1993年年末通过的《中华人民共和国公司法》，不仅为国有企业的公司化改革提供了法律框架，还为传媒集团内部制度的构建提供了参照。于是，在以1996年广州日报报业集团成立为标志开启的传媒集团化过程中，不少传媒集团开始模拟现代法人制度来设计治理结构，初步建成了决策层、执行层、监督层的治理结构，并几乎都将采编与经营进行了分离，实行了采编和经营"双轨"治理。这也是中国传媒集团化发展的特有景观（见图3.3）。

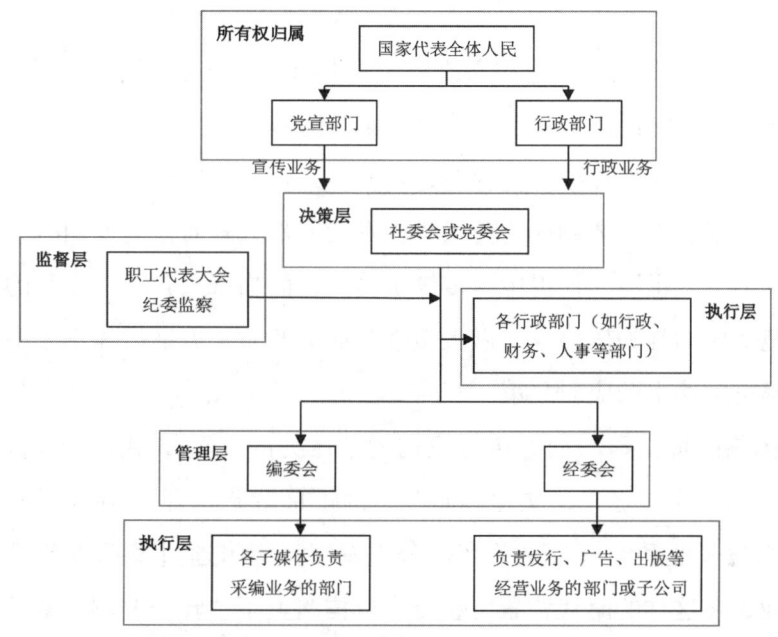

图3.3 对行政型治理结构的改革

资料来源：作者整理。

尽管如此，在"事业单位，企业化管理"框架下模拟现代企业制度建立的传媒治理结构仍未摆脱掉浓厚的行政治理色彩。由于传媒机构的性质仍然是事业单位，与党和政府之间的隶属关系尚未改变。首先，传媒机构的党委会或社委会主要成员由党委组织部、宣传部考察任命，党委会或社委会处于决策地位，行使的是企业中的董事会职权，即决策权；其次，管理层（主要是编委会与经委会，特别是管理传媒核心业务的编委会）往往由党委成员组成，决策机构和执行机构尚未分开，难以发挥相互制衡的作用。最后，许多传媒机构并未设立规范的监事会，有些虽然设立了监事会，但由于监事会处于党委会和管理层的领导之下，无法发挥监督作用。由此，在传媒治理结构中，法人代表既是传媒机构党委会的负责人，又是决策、管理、执行部门的负责人，只接受来自党委和政府有关部门的监督，传媒机构内部没有形成制衡机制。

这样，即使传媒机构搭建起了现代法人制度的基本框架，但产权模糊、政媒不分等问题成为政府与传媒机构不得不面对的难题。这使得行政型治理结构没有从根本上得到改变，与真正意义上的现代企业制度仍然相去甚远。

三、文化体制改革催生现代企业治理结构初建

20世纪八九十年代的"渐进主义改革"使中国改革目标逐渐转移到建设一个监管有效且竞争充分的市场经济上来。[1]虽然传媒机构的经济自主性日益增强，但其事业单位性质所引致的体制性桎梏依然存在，如权力经营、条块分割、资金封闭都限制了传媒机构的进一步发展，体制成为传媒机构发展的最大障碍。与此同时，全球化的滥觞特别是中国的"入世"，使得中国传媒机构同样面临着来自外部竞争的严峻挑战和外来体制示范效应的强大压力，"做大做强"成为此时官方话语体系中中国传媒机构面临西方传媒机构冲击的应对之策。

在传媒体制困境凸显与西方传媒机构竞争压力的双重作用下，体制改革成为传媒机构发展的题中应有之义，文化体制改革的帷幕就此拉开。2003年的文化体改革要求公益性文化事业和经营性文化产业分类发展，国家通过发挥市场机制的作用来发展文化产业，在这样的时代背景下，传媒机构踏上了"转企改制、重塑市场主体"的路途：一是整体转制，非时政类报刊、出版发行单位、影视制作单位由事业单位整体转制为企业，转制后的企业拥有完整的采编权与经营权，并通过国有资产授权经营，拥有完整的法人财产权；二是剥离转制，党报党刊、通讯社、广播电视台实行事业体制，采编部门仍保留在事业体制中，但广告、印刷、发行、传输网络部分，以及子报子刊、影视剧的内容制作部门与销售部门被从事业体制中剥离出来转制为企业。在转企改制的过程中，传媒机构所面临的产权模糊、政企不分，以及事业体制股东如何有效管理现代企业问题、管理层监督激励问题、员工身份待遇问题等都与传媒治理结构问题相关。

"产权明晰、权责明确、政企分开、管理科学"不仅在中共十四届三中全会上被归纳为现代企业制度的特征，成为国有企业制度改革的基本方向，其还作为

---

[1] 诺顿，杨君平. 中国经济转型的政治经济学[J]. 马克思主义与现实，2008(6)：8.

传媒机构转企改制的目标得到了传媒理论界与政策制定者的认可。但是，中国传媒治理结构的特殊之处在于，"党委领导与法人治理结构相结合"被作为对传媒治理结构进行制度安排的原则性框架，即在按照现代企业制度建立规范的法人治理结构时，要保证"党管媒体不能变，党管干部不能变，党管导向不能变，党管资产不能变"。

因此，"双向进入、交叉任职"就成为绝大多数传媒机构采用的制度安排方式：党委书记与董事长往往由一人兼任，以保证控制权始终掌握在党委会手里；未设立董事会的传媒企业，实行党委书记兼任副总经理、总经理兼任党委副书记的交叉任职模式；在少数情况下，党委书记与总经理也会由一人兼任。同时，在实际工作中，为防止党委会越权，过度干预传媒企业经营，党委会与董事会、监事会、经理层之间的权责划分尤为重要，在当下的治理结构中，党委会拥有对重大事项的决定权、对宣传业务的审核权、对主要领导干部的任免权；董事会负责传媒企业重大问题的决策与经营；经理层（编委会、经委会）负责具体执行；监事会履行监督职能（见图3.4）。

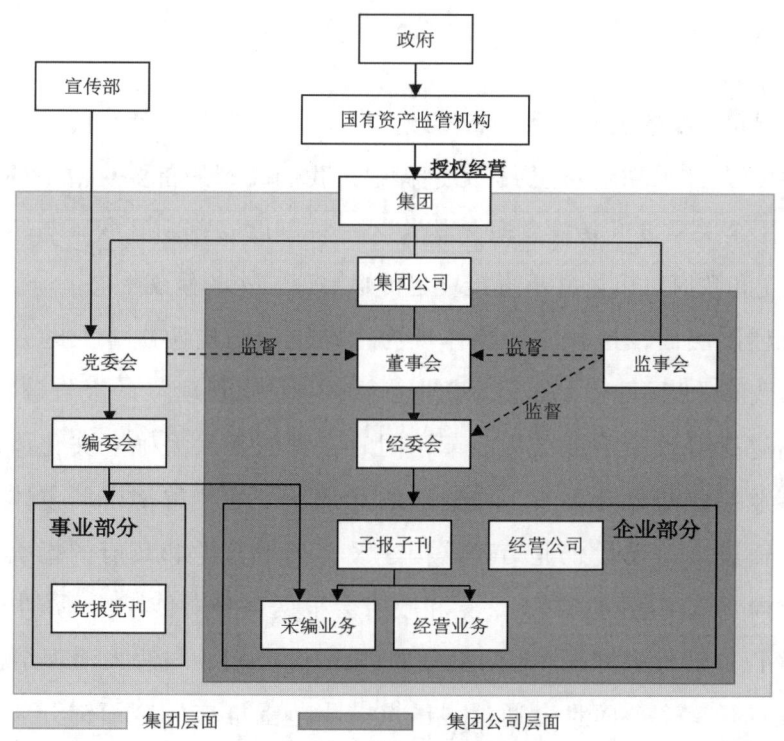

图 3.4 现代企业治理结构的初建

资料来源：作者整理。

在文化体制改革的时代背景下,在重塑市场主体的过程中,传媒机构的企业身份得以被承认,产权主体和"三会四权"基本就位并各司其职,以市场为导向的经济型治理结构成为传媒治理结构制度安排的必然取向。但是传媒治理结构现状仍然堪忧,如国有股一股独大,产权结构多元化也未建立;行政型治理模式仍存留影响,现代企业治理结构尚未完全建立。这些治理困境的解决一方面有赖于传媒机构内部新老"三会"关系的理顺、权责划分的进一步清晰以及领导体制的创新;另一方面也需传媒相关政策规范的完善以及传媒监管体制与政府职能的转变。

四、传媒治理结构改革的演进路向

在中国经济市场化与政治民主化的历史语境中行进的传媒治理结构,鲜明地展露出了从以行政导向为主的行政型治理结构向市场化、制度化、规范化的经济型治理结构演进的路径。这一演进过程的实质,就是经济与政治体制转型所引发的"权力分裂"的过程。[1]

(一)党和政府的主导作用仍将持续

在考察传媒治理结构变迁历程的过程中,我们收到的首要且清晰的信息是,党和政府的作用至关重要。传媒治理结构作为一种制度安排,其变革与转型的动力极大地依赖于党和政府,市场并不直接决定传媒治理结构的呈现形态。

在宏观体制层面,这种主导性体现为传媒治理结构两次重大的方向性转变都受到了党和政府的指引:1978年"事业单位,企业化管理"的报告被官方批准后,业界即开始进行行政型治理结构改革,同时,党的十六大确立文化体制改革,实行企业、事业单位两分开政策,在这样的背景下,为"重塑市场主体,完善现代企业制度"而进行的现代企业治理结构建设,都来自党和政府的指引。并且,在传媒治理结构变革路径的选择上,党和政府会根据自身对传媒治理结构的期许(如"做大做强"以应对外媒冲击)与约束条件(如"党委领导与法人治理结构相结合")对变革方案进行审度,而且会通过"试点—小范围推广—全面铺开"的方式来指

---

[1] 康晓光. 权力的转移 [M]. 杭州:浙江人民出版社,1999:1.

导制度变革。

除在宏观层面党和政府在改革中占据重要地位，在传媒机构的微观层面，党政权力同样在一定程度上被予以存留，如在对行政型治理结构进行改革的时期，传媒机构事业单位性质与行政级别被予以保留；之后，在现代企业治理结构初建期，在"政企分开"的思路下，政府从传媒机构微观运营中退出，但基于传媒机构的意识形态属性及舆论影响力，党委会在治理结构中的核心领导地位依旧不变。

因此，基于长时期行政型治理结构的"路径依赖"影响以及传媒机构特殊的双重属性，在未来一段时间内，党和政府仍将在传媒治理结构变迁与改革中发挥主导作用。但是，可以预见的是，随着行政体制改革的深入，在政府职能与政府机构都发生转变的情形下，政府将减少对传媒机构微观层面的干预，而转向构建宏观调控体系，实现间接管理，政府介入传媒治理结构变迁的主要方式将是设计治理结构改革方向、完善竞争性市场以及构建传媒治理的相关法律法规。

（二）传媒机构控制力逐渐增强

随着中国市场化改革的不断深入，传媒机构踏上了市场化路途并越行越远，显示出日益鲜明的经济组织属性，并在治理结构层面进行一些自发调整。如20世纪80年代《羊城晚报》实行的总编辑和总经理分工负责制，以及近几年集团公司内部治理框架的具体设计，都是传媒机构作为创新集团进行的个体或局部的制度改革。因为这种改革会受到具体时间和空间情境的限制，也受制于传媒改革主体"临场发挥"的能力，所以具有高度不确定性，只是一种"有限创新"。[1]

而伴随着市场经济的活跃和传媒机构自身力量的崛起，特别是文化体制改革全面推进下传媒机构企业身份以及市场主体地位的最终确立，传媒机构将获得更多的传媒经营权与控制权，甚至所有权，而传媒机构也就越来越能利用市场机制来协调并满足其利益需求，从而彰显出其对于制度安排的操控力。与此同时，为更好地适应市场需求与加快市场化转型，以及提升内部经营管理绩效，传媒机构也将更为积极地按照市场经济与现代企业制度的要求进行符合中国传媒实践的治理结构创新。

---

[1] 潘忠党. 新闻改革与新闻体制的改造——我国新闻改革实践的传播社会学之探讨 [J]. 新闻与传播研究，1997(3)：62-80.

(三)参与式治理有待实现

在公共媒体缺位与社会治理主体孱弱的情势下,寻求公共利益的社会力量与政治力量、经济力量之间的关系极为微妙。一方面,政治力量与经济力量在一定程度上需要凭借公共利益来实现自身欲求。另一方面,由于公共利益缺乏传媒实体基础及制度保障,一旦公共利益与政治利益或经济利益发生冲突,最先牺牲的将会是公共利益。由于难以与政治力量、经济力量抗衡,社会力量只能在政治力量与经济力量的夹缝中生存,游走于边缘地带。

然而,无论是自20世纪90年代后公共管理领域中的治理范式从"政府—市场"二元思维向"政府—市场—社会"三元分析框架转型,还是21世纪以来公司治理理论与实践对利益相关者投以更多关注,都在一定程度上说明了社会力量作为弥补市场和政府缺陷,以及重建组织运行与管理机制的重要力量日益为人们所重视。

因此,传媒治理结构改革对于传媒制度创新以及传媒机构的发展壮大意义深远。但是在改革开放40余年中,公民的力量不断成长壮大,并开始形成相对独立的治理主体,此时,在传媒治理结构的制度安排中,对社会力量和公民的积极角色予以强调,并形成社会力量如利益相关者的参与治理机制,将更有助于中国社会和中国传媒的健康发展。

第四节 党管媒体原则在传媒企业治理中的实践历程

随着传媒体制从"事业单位,企业化管理"转向"分类改革,重塑市场主体",传媒企业(组织)治理结构也从"行政型治理结构"转向现代企业治理结构,党管媒体原则在传媒企业(组织)治理中的实践路径与方式发生了极大转变,这主要通过党组织进入传媒企业(组织)和参与传媒企业(组织)治理体现出来。

虽然在中国传媒企业(组织)治理的制度安排中,党组织一直居于其中,但随着历史发展与传媒体制改革的深入,以及传媒企业(组织)治理结构的变迁,党组织治理的路径与方式发生了较大转变。总体而言,自中华人民共和国成立以来,党组织参与传媒企业(组织)治理的制度安排大致可以分为三个阶段:第一阶段为中华人民共和国成立至1978年的党的一元领导阶段;第二阶段为改革开放开始至21

世纪初，这阶段，党委会与"新三会"双轨治理模式初步形成；第三阶段为 2003 年新一轮文化体制改革开启后，经营型媒体从事业单位转型为企业，在建设现代企业制度的过程中将党委领导与法人治理结构相结合。

一、党的领导在媒体中的确立

2003 年新一轮文化体制改革中，我国提出经营性文化事业单位转企改制的目标后，源自管理领域的"公司治理"这一概念在媒体领域被使用。而在此之前，由于媒体的事业单位性质，"领导体制"是一个更为常见的说法，而且领导体制中的一个核心问题就是党如何嵌入媒体机构，进行管理和参与决策。

媒体中党的领导体制的建立始于 20 世纪 40 年代《解放日报》改版。1942 年 3 月 16 日，针对报纸在党性、群众性与组织性方面存在的问题，中共中央宣传部发出《为改造党报的通知》。作为党报改革的纲领性文件，《为改造党报的通知》对党报的性质、任务以及如何办好党报做出指示，指出"报纸是党的宣传鼓动工作最有力的工具"，"报纸的主要任务就是要宣传党的政策，贯彻党的政策，反映党的工作，反映群众生活"，"把报纸办好，是党的一个中心工作"。[1]

1942 年 4 月 1 日，《解放日报》[2]改版正式启动。改版当天，《解放日报》除登载了中共中央宣传部的《为改造党报的通知》，还刊登了改版社论《致读者》，称改版后要"使《解放日报》能够成为真正战斗的党的机关报"，"要贯彻党的路线，反映群众情况，加强思想斗争"。[3]这意味着，《解放日报》由"不完全的党报"改变成为"完全的党报"。[4]因此，报社成立了与编辑委员会平行的社务管理委员会，由社长、总编辑、副总编辑、经理和党务管理人员组成，主管报社的日常行政事务。

---

[1] 贾华瑞.整风运动中的《解放日报》改版对新闻改革的启示[M]//中国传媒大学党报党刊研究中心，天津师范大学新闻传播学院，中国传媒大学编辑出版研究中心.人民共和国党报论坛 2006 年卷.北京：中国传媒大学出版社，2007.

[2] 1941 年年初，中共中央在合并《新中华报》《今日新闻》的基础上，创办了《解放日报》。

[3] 贾华瑞.整风运动中的《解放日报》改版对新闻改革的启示[M]//中国传媒大学党报党刊研究中心，天津师范大学新闻传播学院，中国传媒大学编辑出版研究中心.人民共和国党报论坛 2006 年卷.北京：中国传媒大学出版社，2007.

[4] 黄旦.从"不完全党报"到"完全党报"——延安《解放日报》改版再审视[M]//李金铨.文人论政：知识分子与报刊.桂林：广西师范大学出版社，2008：232-280.

《解放日报》改版后不久，中共中央政治局出台了《关于统一抗日根据地党的领导及调整各组织间关系的决定》，该文件规定，"党是无产阶级的先锋队和无产阶级组织的最高形式，它应该领导一切其他组织，如军队、政府和民众团体。根据地领导的统一和一元化，应当表现在每个根据地有一个统一的领导一切的党的委员会（中央局、分局、区党委、地委）"，"党的领导的一元化，一方面表现在同级党政军民各组织的相互关系上，又一方面表现在上下级关系上"，正式提出了要在党的一元化领导下，处理党组织和军队、政府以及民众团体的关系问题。[1]由此，党管媒体体制初步形成。

中华人民共和国成立后，中国共产党成为执政党，其面临的形势与任务从带领人民赢得民族战争和取得民族革命的胜利转向建设新中国。1949年9月29日，中国人民政治协商会议通过了《中国人民政治协商会议共同纲领》，确定了新中国的政治制度，指出"中国人民民主专政是中国工人阶级、农民阶级、小资产阶级、民族资产阶级及其他爱国民主分子的人民民主统一战线的政权，而以工农联盟为基础，以工人阶级为领导"[2]，这里的"以工人阶级为领导"其实就是指作为工人阶级政党的中国共产党领导。1950年4月13日，周恩来在全国统一战线工作会议上，专门对党政关系做出论述："我们已经在全国范围内建立了国家政权，而我们党在政权中又居于领导地位。所以，一切号令应该经政权机构发出。"[3]由此，我国无论是制度层面还是实践层面都已实现中国共产党对中国社会的全面领导。

1956年三大改造完成之后，中国建立起计划经济体制。1958年1月，毛泽东在南宁会议上首次提出"大权独揽，小权分散；党委决定，各方去办；办也有决，不离原则；工作检查，党委有责"，并进一步强调"集中，只能集中于党委、政治局、书记处、常委，只能有一个核心"。[4]党的九大继续提出要强化党的一元化领导体制，《人民日报》、《解放军报》、《红旗》杂志在纪念建党50周年的长篇专文中，突出强调了"各级党委都要建立和健全党委制，加强一元化领导，防止分散主义"的问题。党的十大之后，党的一元化领导被写入党章，做出了"国家机关、人民解放军和民兵、

---

[1] 侯少文. 依法治国与党的领导 [M]. 杭州：浙江人民出版社，1998：179.

[2] 中共中央文献研究室. 建国以来重要文献选编（第1册）[M]. 北京：中央文献出版社，1992：1-2.

[3] 周恩来. 发挥人民民主统一战线积极作用的几个问题 [M]// 中共中央文献研究室. 建国以来重要文献选编（第1册）. 北京：中央文献出版社，1992：186-187.

[4] 胡鞍钢. 中国集体领导体制 [M]. 北京：中国人民大学出版社，2013.

工会、贫下中农协会、妇女联合会、共产主义青年团、红卫兵、红小兵及其他革命群众组织,都必须接受党的一元化领导"的规定。[1]

在此情境下,通过改造,全国的报纸、通讯社、广播等媒体都被划归公有,并且,在党的一元化领导下,共产党的各级党组织代替政府进行行政管理,由此,党组织成为媒体实际上的所有者与控制者,其财政收支的基本原则是"经营服从宣传,级别决定分配",自1957年至"文革"结束,媒体都享受国家财政全额拨款,实行"统收统支"的政策。[2] 在领导体制方面,媒体采取编委会领导下的总编辑负责制,编委会由党委授权,总编辑由上级党委任命或批准,主要依靠党的思想政治、干部人事和纪律约束来管理媒体的各项工作。由此,党的一元化领导成为这一阶段媒体领导体制的主要特点。

二、党委会与"新三会"双轨治理初步形成

1978年,中共十一届三中全会上提出"将党的工作重心转移到经济建设上来",党的数次代表大会不仅讨论了如何进行经济建设,还对"党的领导"进行了新的界定。1982年,党的十二大提出,"党的领导主要是思想政治和方针的领导,是对于干部的选拔、分配、考核和监督,不应当等同于政府和企业的行政工作和生产指挥"[3],将"党的领导"主要界定为"政治领导"。1987年,党的十三大进一步明确了"党的领导是政治领导,即政治原则、政治方向、重大决策的领导和向国家政权机关推荐重要干部。党对国家事务实行政治领导的主要方式是使党的主张经过法定程序变成国家意志,通过党组织的活动和党员的模范作用带动广大人民群众,实现党的路线、方针、政策",由此,我国的党的政治领导方式从党承担一切社会功能转向通过"法定程序"将党的主张变成国家意志的"法治"。随后,各级党委陆续撤销与政府部门业务重叠的职能部门,将行政性、事务性与日常性工作转移给政府部门。由此,党的一元化领导体制被打破,不仅"放权让利"成为改革开放后相当长一段时间内改革的核心内容,而且党的功能也转向政治领导。

---

[1] 姜义华.论五十年代党对国家领导方式的演变[J].开放时代,1998(2):6-15.
[2] 丁和根.中国传媒制度绩效研究[M].广州:南方日报出版社,2007:22.
[3] 中国共产党全国代表大会.中国共产党第十二次全国代表大会文件汇编[M].北京:人民出版社,1982:57.

这种"放权让利"在传媒领域中体现为自 1978 年开始的"事业单位，企业化管理"以及"外部断奶，内部搞活"推动了所有权与控制权的适度分离，之前的控制权与管理权被部分下放至传媒单位。一方面，财政部门与传媒单位之间实行旨在使媒体机构"独立核算，自负盈亏，照章纳税"的"承包合同制"，之前党和政府全额负责传媒单位的运作经费，改革后，党和政府仅承担对党报的财政津贴、新闻纸补贴，党政的财政负担大幅减轻；另一方面，广告经营、自办发行以及晚报、都市报的兴起使得传媒单位开始进行营利性经营。由此，传媒单位获得了一定的财政自主权与经营权，具有了独立于党政主管部门之外的"本位利益"。改革后，党组织在媒体中的一元化领导局面被打破。

另外，对媒体发展具有重要意义的事件还有 1992 年 10 月党的十四大的召开。会议上确立了建立社会主义市场经济体制的目标，1993 年召开的中共十四届三中全会上，建立适应市场经济体制要求的产权明晰、责权明确、政企分开的现代企业制度被提出。一方面，在企业制度建设上，社会主义市场经济法律体系中的重要法律《中华人民共和国公司法》于 1993 年出台，提出股东会、董事会、经理层与监事会的现代公司治理框架，这为传媒单位内部制度的构建提供了参照。另一方面，对于党在市场经济建设中的作用，1997 年，党的十五大强调党要发挥"总揽全局，协调各方"的领导核心作用，而"依法治国，是党领导人民治理国家的基本方略"，依法治国"就是广大人民群众在党的领导下，依照宪法和法律规定，通过各种途径和形式管理国家事务，管理经济文化事务，管理社会事务，保证国家各项工作都依法进行，逐步实现社会主义民主的制度化、法律化，使这种制度和法律不因领导人的改变而改变，不因领导人看法和注意力的改变而改变"[1]，这些强调了制度与法律在治国理政中的重要性。

在此背景下，传媒机构及其领导体制相应地发生了变革。传媒机构的市场经营活动变得日益频繁与多元，并且，经营活动在传媒机构生存与发展中扮演着关键性作用。1994 年 2 月，经广东省委批准，《羊城晚报》率先实行社长领导下的总编辑、总经理分工负责制，经济部门获得了与采编部门平等的地位，之后，大批媒体跟进。这在一定程度上改变了之前传媒机构领导体制所采取的总编辑负责制，以及以意识

---

[1] 江泽民．高举邓小平理论伟大旗帜，把建设有中国特色社会主义事业全面推向二十一世纪———在中国共产党第十五次全国代表大会上的报告 [N]．人民日报，1997-09-22(1).

形态与新闻宣传工作为主的情况。

与此同时，为进一步推动传媒机构的规模化发展以及解决当时媒体市场呈现出的"散""滥"问题，传媒集团化发展于20世纪90年代中期被提上议程。1996年，我国首家传媒集团——广州日报报业集团成立。1999年，哈尔滨日报报业集团成立，并由事业单位法人改制为企业法人。随后，大量传媒单位也纷纷设立集团并开始模拟现代公司治理制度来设计治理结构，初步建成了包括董事会、监事会、经理层的治理结构。在此过程中，这些传媒集团也强调坚持党组织的领导，党委会与董事会、监事会、经理层之间的治理职能出现高度重叠，呈现出"双轨治理"的独特景观。

然而，由于1993年颁布的《中华人民共和国公司法》以及至1999年颁布和出台的法律政策都坚持党承担对公司特别是国有企业的监督职能以及拥有参与重大事项决策的权力，[1] 但并未明确党组织在公司经营中的具体参与形式，这难免造成一些问题，如党委会和"新三会"（股东会、董事会、监事会）之间产生矛盾与冲突；或者是党组织过度介入企业微观经营；或者是党的监督与决策功能并未发挥出来。

三、党的领导与法人治理结构相结合要求的提出

21世纪初，新一轮文化体制改革开启，媒体被划分为公益性事业单位与经营性企业两大类。对于后者，媒体被要求在明确企业身份后，进一步建立起现代企业制度。经过多年的改革，至2012年时，中国3,388种非时政类报刊中已有3,271种从事业单位转为企业，占总数的96.5%，[2] 大部分省份的广播电视机构进行了制播分离，除播出平台保留在事业单位体制内，制作和经营部门均被拆分出来转型为企业。对于

---

[1] TENEV S, ZHANG C, BREFORT L. Corporate governance and enterprise reform in China: building the institutions of modern markets[M]. Copenhagen: World Bank Publications, 2002; MCGREGOR P, SWALES J K, YIN Y P. The impact on the scottish economy of an expansion in developmental foreign direct investment in the electronics sector[J]. Quarterly economic commentary, 2001, 26(1): 39-49.

[2] 王姝. 国家审计如何更好地服务国家治理——基于公共政策过程的分析[J]. 审计研究, 2012(6): 34-39.

这些媒体企业，考虑到其意识形态性质，必须坚持国资在其中的控股地位，明确其国有企业性质，也要求它们按照现代公司治理要求，建立起董事会、监事会、经理层各司其职、相互制衡的治理结构。《中央宣传部、国家广电总局、新闻出版总署关于深化新闻出版广播影视业改革的若干意见》（中共中央办公厅、国务院办公厅，2001年）中提出的"党委领导与法人治理结构相结合"也就成为这些从事业单位转制而来的国有传媒企业构建公司治理结构的原则性框架。

党的十六大在提出推动文化体制改革的同时，也进一步发展与丰富了党的领导的内涵，提出"按照党总揽全局、协调各方的原则，规范党委与人大、政府、政协以及人民团体的关系，支持人大依法履行国家权力机关的职能，经过法定程序，使党的主张成为国家意志，使党组织推荐的人选成为国家政权机关的领导人员，并对他们进行监督；支持政府履行法定职能，依法行政；支持政协围绕团结和民主两大主题履行职能；加强对工会、共青团和妇联等人民团体的领导，支持它们依照法律和各自章程开展工作，更好地成为党联系广大人民群众的桥梁和纽带"，"党的领导主要是政治、思想和组织领导，通过制定大政方针，提出立法建议，推荐重要干部，进行思想宣传，发挥党组织和党员的作用，依法执政，实施党对国家和社会的领导"[1]。由此进一步明确党的领导不仅仅是政治思想领导，还是组织领导。

与此同时，国有企业改革也提出党组织通过"双向进入、交叉任职"的方式参与企业治理，并要求党的基层组织发挥政治核心和领导核心作用。代表性政策文件有：2015年，中共中央国务院发布了《关于深化国有企业改革的指导意见》，提出要把加强党的领导和完善国有企业公司治理统一起来，并且明确要求赋予党组织在国有企业法人治理结构中的法定地位；2016年，改革开放以来首次全国国有企业党的建设工作会议召开，习近平同志明确指出中国特色现代国有企业制度，"特"就特在把党的领导融入公司治理的各个环节，把党组织内嵌到公司治理结构之中；2017年，党的十九大新修订的《中国共产党章程》中再次特别强调，"国有企业党委（党组）发挥领导作用，把方向、管大局、保落实，依照规定讨论和决定企业重大事项"。总体而言，国有企业党组织作为政治核心与领导核心的"双核心"地位被不断强调并得到制度保障。

---

[1] 江泽民.全面建设小康社会，开创中国特色社会主义事业新局面——在中国共产党第十六次全国代表大会上的报告[N].人民日报，2002-11-09（2）.

表 3.1　会议、政策文件中关于党组织参与公司治理的相关表述

时间	会议、政策、文件	相关内容
1992年10月	党的十四大，《江泽民在中国共产党第十四次全国代表大会上的报告》	全民所有制企业要充分发挥党组织的政治核心作用，坚持和完善厂长负责制
1992年11月	中共十四届三中全会，《中共中央关于建立社会主义市场经济体制若干问题的决定》	企业中的党组织要发挥政治核心作用，保证监督党和国家方针政策的贯彻执行
1995年9月	中共十四届五中全会，《中共中央关于制定国民经济和社会发展"九五"计划和2010年远景目标的建议》	以建立现代企业制度为目标，把国有企业的改革同改组、改造和加强管理结合起来，构造产业结构优化和经济高效运行的微观基础。全面准确把握"产权清晰、权责明确、政企分开、管理科学"的现代企业制度基本特征，加大改革力度，使大多数国有大中型骨干企业在20世纪末初步建立现代企业制度，成为自主经营、自负盈亏、自我发展、自我约束的法人实体和市场竞争主体
1997年9月	党的十五大，《江泽民在中国共产党第十五次全国代表大会上的报告》	加强科学管理，探索符合市场经济规律和我国国情的企业领导体制和组织管理制度，建立决策、执行和监督体系，形成有效的激励和制约机制。要建设好企业领导班子，发挥企业党组织的政治核心作用，坚持全心全意依靠工人阶级的方针
1999年9月	中共十五届四中全会，《中共中央关于国有企业改革和发展若干重大问题的决定》	国有独资和国有控股公司的党委负责人可以通过法定程序进入董事会、监事会，董事会和监事会都要有职工代表参加；董事会、监事会、经理层及工会中的党员负责人，可依照党章及有关规定进入党委会；党委书记和董事长可由一人担任，董事长、总经理原则上分设。充分发挥董事会对重大问题统一决策、监事会有效监督的作用。党组织按照《中国共产党章程》，工会和职代会按照有关法律法规履行职责
2002年11月	党的十六大，《江泽民同志在党的十六大上所作报告全文》	搞好国有企业和集体企业必须坚持全心全意依靠工人阶级，企业党组织要积极参与企业重大问题的决策，充分发挥政治核心作用
2002年11月	党的十六大，《中国共产党章程》（修订）	国有企业和集体企业中党的基层组织，发挥政治核心作用，围绕企业生产经营开展工作。保证监督党和国家的方针、政策在本企业的贯彻执行；支持股东会、董事会、监事会和经理（厂长）依法行使职权；全心全意依靠职工群众，支持职工代表大会开展工作；参与企业重大问题的决策
2004年10月	《中央组织部、国务院国资委党委关于加强和改进央企党建工作的意见》	党组织参与企业重大问题决策，要坚持和完善"双向进入、交叉任职"的企业领导体制
2005年10月	新《中华人民共和国公司法》（修订）	在公司中，根据《中国共产党章程》的规定，设立中国共产党的组织，开展党的活动。公司应为党组织的活动提供必要条件
2007年10月	党的十七大，《中国共产党章程》（修订）	新《中国共产党章程》规定，国有企业和集体企业中党的基层组织，发挥政治核心作用，围绕企业生产经营开展工作；支持股东会、董事会、监事会和经理（厂长）依法行使职权；参与企业重大问题决策

续表

时间	会议、政策、文件	相关内容
2015年	《关于深化国有企业改革的指导意见》	把加强党的领导和完善公司治理统一起来，将党建工作总体要求纳入国有企业章程，明确国有企业党组织在公司法人治理结构中的法定地位，创新国有企业党组织发挥政治核心作用的途径和方式。坚持和完善"双向进入、交叉任职"的领导体制
2016年	全国国有企业党的建设工作会议 习近平：坚持党对国有企业的领导不动摇	中国特色现代国有企业制度，"特"就特在把党的领导融入公司治理各环节，把企业党组织内嵌到公司治理结构之中，明确和落实党组织在公司法人治理结构中的法定地位，做到组织落实、干部到位、职责明确、监督严格
2017年	党的十九大，《中国共产党章程》（修订）	国有企业党委（党组）发挥领导作用，把方向、管大局、保落实，依照规定讨论和决定企业重大事项。国有企业和集体企业中党的基层组织，围绕企业生产经营开展工作。保证监督党和国家的方针、政策在本企业的贯彻执行；支持股东会、董事会、监事会和经理（厂长）依法行使职权；全心全意依靠职工群众，支持职工代表大会开展工作；参与企业重大问题的决策；加强党组织的自身建设，领导思想政治工作、精神文明建设和工会、共青团等群团组织

表格来源：作者整理。

因此，根据传媒改革政策要求，参照国有企业制度安排，"双向进入、交叉任职"的方式成为国有传媒企业将"党的领导"与"公司治理"相结合的制度安排方式：党委书记或副书记往往兼任董事长或副董事长，以保证控制权始终掌握在党委会手里；党委会拥有重大事项的决定权、宣传业务的审核权、主要领导干部的任免权，并通过党委会成员经过法定程序进入董事会、监事会和管理层（一般包括编辑委员会与经营委员会）来落实权力。

由此，随着市场化改革的推进与传媒体制改革的深入，现代公司治理成为国有传媒企业制度建设题中应有之义，党组织在企业（组织）层面的领导方式也从"一元化"领导转向"双向进入、交叉任职"的内嵌式领导。

# 第四章

党组织治理与国有传媒企业治理水平的实证研究

第一节 研究问题与背景

回顾改革开放 40 余年以来，我国传媒业从"事业单位，企业化管理"到"外部断奶，内部搞活"，再到集团化和资本化的开启与推进，再至 21 世纪初新一轮文化体制改革中提出"分类改革，重塑市场主体"，可以发现，"自主经营、自负盈亏"一直是改革的内容与目标。传媒机构在从事业单位转向企业的过程中，也获得了越来越多的经营自主权。

但是，由于产权主体的缺位，以及传媒机构的政治与意识形态属性带来的行政干预，传媒机构呈现出"行政干预下的内部人控制"的治理结构特点。所谓内部人控制指的是，在企业规模的扩张与管理的复杂化背景下，"所有权与控制权"相分离的现代企业制度形成，而在分离过程中，企业管理者逐渐掌握了企业的控制权与主导权。[1]青木昌彦进一步考察了转轨经济下的内部人控制现象，认为在计划经济向市场经济转轨过程中，在政府官员不断向国有企业放权的过程中，企业经理或工人获得企业控制权并利用计划经济解体后的真空进一步加强和巩固自身的权力。[2]针对普遍存在的内部人控制现象，已有实证研究发现，内部人控制虽然可能在短期内能提高企业绩效，但总体而言，内部人控制并不利于企业的健康发展。[3]其重要原因在于，内部人的利益追求动机和目标与出资人并不一致，内部人在追求其自身利益最大化的过程中，并不能对资源进行最优配置，而这并不利于股东或社会总体福利。[4]

在新一轮文化体制改革大力推进传媒事业单位与企业两分开，并要求经营性传媒企业建立其现代企业制度、不断完善法人治理结构的情况下，如何有效抑制传媒

---

[1] 威斯通，郑光，侯格. 兼并、重组与公司控制 [M]. 唐旭，等译. 北京：经济科学出版社，1998：460-461.
[2] 青木昌彦. 对内部人控制的控制：转轨经济中公司治理的若干问题 [J]. 改革，1994(6)：11-24.
[3] 青木昌彦. 对内部人控制的控制：转轨经济中公司治理的若干问题 [J] 改革，1994(6)：11-24；张春霖. 从融资角度分析国有企业的治理机构改革 [J]. 改革，1995(6)：34-46.
[4] 吴有昌. 国有企业内部人控制问题的成因及对策 [J]. 改革，1995(6)：73-78.

机构在其长期改革与发展过程中形成的内部人控制的问题成为实现改革目标的必要内容。而抑制内部人控制问题的有效方式，就是加强监督，提高企业治理水平。然而，目前《中华人民共和国公司法》中提到的承担监督作用的监事会，由于缺乏独立性，难以对内部人进行有效监督。而其他内部或外部监督主体与机构，如职工、工会、债权人（银行）等，由于参与方式不力或者信息不对称等问题，更加无法发挥作用。[1]

事实上，中国社会主义最本质的特征就是中国共产党的领导，而党组织参与公司治理已成为我国国有企业治理的最重要特色。特别是"党管媒体""党管干部"与"党管人才"始终是我国传媒机构运作的重要原则。无论是传媒事业单位还是转型后的国有传媒企业，其政治与组织核心一直是党委会，党委会在重大事项决策、重要人事任免等方面发挥重要作用，同时也可能对作为"内部人"的经营者进行监督与制衡，从而提高传媒企业的治理水平。

然而，在此前传媒改革或传媒企业治理的研究中，党组织在传媒企业治理中的作用一直被忽视，"党和政府"往往作为一个同构的概念被使用。而事实上，随着建设"职责明确、依法行政的政府治理体系"，以及提高党的依法执政、依法治国能力要求的提出，党和政府分别承担起政治与领导核心作用，以及行政管理职能。特别是党，更是依托庞大的基层党组织系统渗透于整个社会包括媒体之中。另外，虽然党组织一直都是传媒机构的重要领导与治理机构，而且它也要求传媒机构在建设现代企业制度时将"党的领导与法人治理结构相结合"，但党组织参与治理是否有助于完善法人治理结构，特别是其能否通过对经营者的监督减少内部人控制带来的代理成本，进而提高治理水平？在当前中国区域发展不平衡，不同地区的经济发展水平存在高低之分，执政能力也存在差距的情境下，党组织参与治理的作用是否不同？对这些问题人们都缺乏回答。

因此，本研究将从"双向进入、交叉任职"这一制度化的党组织治理路径着手，对党组织参与传媒企业治理对传媒企业代理成本以及治理水平的影响展开理论与实证研究，并将制度环境作为情境性因素纳入其中。

---

[1] 王元芳，马连福.国有企业党组织能降低代理成本吗？——基于"内部人控制"的视角[J].管理评论，2014，26(10)：138-151.

第二节　文献综述与研究假设

一、国有传媒企业"经营者内部控制"型治理结构的形成

回顾我国传媒业40余年的改革发展之路，可以发现，我国传媒企业（组织）治理结构事实上一直遵循着"股东至上"的治理逻辑，党和政府在传媒企业（组织）治理结构中扮演着"最大股东"的角色。一方面，我国的传媒体制改革始终强调国有股权占据绝对控制地位。在这一前提下，党和政府赋予传媒企业（组织）的管理者一定程度的经营决策权，促使传媒企业（组织）走上市场化道路：无论是1978年提出的"企业化管理"，还是1996年开始的集团化，都不背离以上原则，即便是2003年提出将传媒业分为公益性事业和经营性产业。由此，传媒组织被划分为公益性传媒事业单位与经营性传媒企业，但新闻宣传等核心资源仍然被置于国有媒体之内。另一方面，"股东至上"还体现为我国传媒企业（组织）治理结构的变迁自始至终都受到了党和政府的"有形之手"的推动。

在这样一种改革思路下，我国传媒体制改革过程就表现为党和政府对传媒企业（组织）的放权让利以及放权之后通过行政干预对传媒经营者进行监管的过程，由此形成"行政干预—经营者内部控制"的治理结构。这样一种治理结构有以下几个特征：第一，传媒企业（组织）的主管部门与经营者之间通过谈判或合约确定企业所有权分配，政府授予经营者可支配决策权。第二，经营者获得政府的正式授权之后，便可以行使决策权。对于主管部门而言，其作为所有者主要通过职位升迁、精神奖励以及业绩激励来促使经营者目标与其追求的目标（如国有资产保值增值、实现社会效益等）保持一致。第三，主管部门作为经营者的监管者，承担着保护国有产权与国有资产保值增值的任务。第四，虽然企业经营者通过职工代表大会与工会将部门权力下放，而且通过薪酬激励机制调动职工积极性，但作为企业法人代表的经营者仍然在企业权力分配中居于支配地位。第五，主管部门主要通过参与和干预企业重要事项决策及任免经营者实现对经营者的监督。[1]

因此，在"股东至上"治理逻辑下，虽然传媒企业（组织）治理结构中主管部

---

[1] 杨瑞龙，周业安．企业共同治理的经济学分析[M]．北京：经济科学出版社，2001：277．

门拥有特殊的权力与地位，它们既是传媒企业（组织）的管理者，也是其所有者，享有对传媒企业（组织）的最终控制权，但主管部门并非确定的自然法人，这导致产权所有者缺位现象出现。实际上，经营者掌握了传媒企业的控制权，这使得传媒企业极易陷入"内部人控制"的困境。

二、国有传媒企业党组织治理对其治理水平的影响及作用机制

从委托—代理理论视角出发，由于委托人与代理人追求的目标不同，作为代理人的经营者在追求自身利益最大化的过程中，可能损害或侵害作为委托人的股东/出资人的利益，由此会产生代理成本的问题。[1] 如前文所述，在传媒机构从事业单位转向经营性企业的过程中，也形成了一种国家与传媒企业之间的委托—代理关系，并出现"内部人控制"现象。而"内部人控制"下权力未能得到有效监督的后果就是企业经营者可能为谋取个人利益而损害出资者权益，[2] 造成国有资产流失、经营效益低下、社会不公、腐败等社会后果。[3]

在此前的研究中，不少学者提出了抑制"内部人控制"的若干途径，如进行国有企业产权改革，[4] 在法人治理结构中引入利益相关者，[5] 改善国有企业外部经营环境，[6] 完善经营者的激励约束机制，[7] 实行会计人员委派制[8]，等等。这些观点的共同之处在于，都提出了需要对"内部人"进行有效监督与制衡。而事实上，"党管媒体"原则的有效落实和"党的领导与法人治理结构"的结合，即党组织作为政治核心与

---

[1] JENSEN M, MECKLING W. The theory of the firm: managerial behaviour, agency costs and ownership structure[J]. Social ence electronic publishing, 1976, 3(4): 305-360.

[2] 黄兴孪，沈维涛.政府干预、内部人控制与上市公司并购绩效[J].经济管理，2009(6): 70-76.

[3] 张春霖.存在道德风险的委托代理关系：理论分析及其应用中的问题[J].经济研究，1995(8): 3-8; 钱颖一.企业的治理结构改革和融资结构改革[J].经济研究，1995(1); 陈湘永，张剑文，张伟文.我国上市公司"内部人控制"研究[J].管理世界，2000(4): 103-109.

[4] 张维迎.从现代企业理论看国有企业改革，1995(1): 30-33; 张春霖.存在道德风险的委托代理关系：理论分析及其应用中的问题[J].经济研究，1995(8): 3-8.

[5] 杨瑞龙，周业安.企业共同治理的经济学分析[M].北京：经济科学出版社，2001: 277; 陈湘永，张剑文，张伟文.我国上市公司"内部人控制"研究[J].管理世界，2000(4): 103-109.

[6] 林毅夫.企业自生能力与国企改革[J].发展，2005(8): 11-12.

[7] 张维迎.从现代企业理论看国有企业改革[J].价格与市场，1995(1): 30-33.

[8] 杜兴强."内部人控制"及其防范：会计人员委派制的作用[J].经济评论，2000(3): 116-118.

领导核心，通过"双向进入、交叉任职"进入传媒企业治理结构，可能有助于克服传媒企业"内部人控制"难题，降低内部人控制带来的代理成本。

首先，根据《中共共产党章程》的相关规定，国有企业党组织具有"发挥领导作用，把方向、管大局、保落实，依照规定讨论和决定企业重大事项"[1]的职权，而在传媒企业的实际工作中，党委会可以通过"双向进入、交叉任职"的方式参与到传媒企业的重大问题决策中。而且，传媒企业党组织形成决策时也要集中群众意见，进行充分讨论，并发挥监督功能。这有助于从决策机制上降低内部人控制的代理成本，抑制内部人控制。

其次，在"党管媒体""党管干部""党管人才"的原则下，传媒企业经营者都由党组任命考核。这也能在一定程度上解决内部人控制的问题及降低代理成本。而此前相当多的研究都指出，党的人事任免权是约束与制衡内部人的重要力量，它能有效约束内部人的机会主义行为，抑制代理冲突的发生。[2]

由此，我们提出研究假设。

H1：国有传媒企业党组织治理程度越高，其治理水平越高。

H2：代理成本在国有传媒企业党组织治理与治理水平中具有中介作用。

三、制度环境的调节作用

中国仍处于转型发展期，由于地区间资源禀赋、地理位置以及产业政策的不同，不同地区在政府干预程度、经济发展程度以及法制水平等方面呈现出较大的差异。[3]而且，不同地区制度环境的不同，可能使党组织参与企业治理的行为和绩效也存在差别。

具体而言，在制度环境较好的地区，市场化改革更加深入，党和政府的干预越少，资源配置越公开透明，党的组织系统掌握的权力越能向市场化机制转移。在这些地区，

---

[1] 中国共产党章程 [EB/OL].(2017-10-24)[2020-10-01]. https://www.12371.cn/special/zggcdzc/.
[2] 钱颖一. 企业的治理结构改革和融资结构改革 [J]. 经济研究，1995(1)；FAN J P H, WONG T J, ZHANG T. Politically connected CEOs, corporate governance, and Post-IPO performance of China's newly partially privatized firms[J]. Journal of financial economics, 2007, 84(2): 330-357.
[3] 王小鲁，樊纲，余静文. 中国分省份市场化指数报告（2016）[M]. 北京：社会科学文献出版社，2017.

国有传媒企业发展所需的资源、管理者的晋升评估主要依靠市场机制，因此，党组织治理的作用可能相对较弱。

而在制度环境较差的地区，市场化程度较低，党和政府的介入程度较高，党和政府在资源分配方面拥有更大权力，规则制定和法律执行的效率不高。在这些地区，国有传媒企业运营面临着更多的党政介入，企业内部党组织治理的作用相对较大，通过降低代理成本抑制内部人控制的能力更强。

基于以上分析，我们认为，随着制度环境的改善，党组织治理对国有传媒企业代理成本及治理水平的影响减弱。由此，我们进一步提出假设。

H3：地区制度环境越好，党组织治理对国有传媒企业代理成本的影响越弱。

H4：地区制度环境越好，党组织治理对国有传媒企业治理水平的影响越弱。

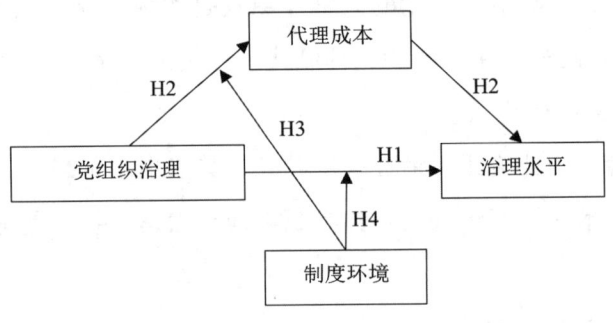

图 4.1 研究模型

第三节 研究设计

一、样本选择与数据来源

本研究主要关注由传媒事业单位转制而成的国有传媒企业的党委会治理对传媒企业治理水平的影响及党委会治理机制。而且，由于媒体融合的深入推进，部分国有传媒企业已转型为以互联网产品与服务为主营业务的互联网企业，如人民网、新华网、浙数传媒等。因此，本研究的原始样本来自2015—2019年五年间沪、深两市A股中文化传媒和互联网产品与服务板块的国有上市公司。然后，我们根据以下标准对样本进行筛选：（1）剔除主营业务为软件开发与硬件生产的企业；（2）剔除当年交易状态为 ST、*ST 的上市公司；（3）剔除财务数据缺失的样本；（4）剔除企业党委会信息没有披露的样本。企业财务数据来自国泰安（CSMAR）数据库与 Wind 数据库。党委会、董事会、监事会和经理层人员数据是我们根据上市公司年报，经手工计算获得。最终样本为 31 家上市公司的 137 个观测值。

二、变量定义和说明

1. 自变量

党组织治理。鉴于目前党组织参与国有传媒企业治理主要采取"双向进入、交叉任职"的方式，本研究采用马连福等人[1]的方法，用党委会成员与董事会成员重合人数除以董事会规模（Pardir）、党委会成员与监事会成员重合人数除以监事会规模（Parsup）、党委会成员与经理层重合人数除以高管层规模（Parman）以及党委会与董事会、监事会、经理层人员重合的总人数除以董事会、监事会、经理层总人数（Party）四个指标作为党组织通过"双向进入"参与企业治理的程度的测量指标；以党委书记是否为董事长（Parchair）以及党委副书记是否为董事长、监事会主席或者总经理（Vice）两个指标作为党组织通过"交叉任职"参与企业治理的程度的测量指标。

2. 因变量

治理水平（Governance）。企业治理评价作为企业治理的"晴雨表"，对指导企业治理实践意义重大。[2] 企业治理评价研究虽于 20 世纪 50 年代就已出现，但较为成熟的评价体系至 20 世纪 90 年代末才逐渐形成。其中较为著名的有国外的标准普尔公司治理评价体系（Standard and Poors，1998，2004）、戴米诺公司治理评价体系（Deminor，1999）、里昂证券亚洲公司治理评价体系（Credit Lyonnais Securities Asia，2000），以及我国南开大学公司治理研究中心（2005 年）的"中国上市公司治理评价指标体系"（CCGI[NK]）、白重恩等人（2005 年）的"上市公司水平 G 指标"以及北师大公司治理与企业发展研究中心（2008 年）的"中国公司治理分类指数

---

[1] 马连福，王元芳，沈小秀.中国国有企业党组织治理效应研究——基于"内部人控制"的视角 [J].中国工业经济，2012(8)：4-97.

[2] 李维安，徐业坤，宋文洋.公司治理评价研究前沿探析 [J].外国经济与管理，2011(8)：57-64.

系列"。相对于国外企业治理评价体系往往结合国家层面的外部治理环境和企业层面的内部治理结构与机制进行评分,我国的企业治理评价体系较少考虑宏观因素的影响,主要针对企业内部治理要素——董事会、管理层、透明度及社会责任意识等进行评价。

鉴于本研究主要关注国有传媒企业内部的党组织治理对治理水平的影响,因此我们采用白重恩等人与马连福等人所使用的主成分分析法拟合构建企业治理水平评价指标。[1]

我们先参考马连福等人的做法选取变量中的第一大股东持股比例(Top1)、第二至第十大股东持股比例(Cstr2-10)、公司第一大股东与第二大股东持股比例的比值(Z)、公司前五大股东持股比例的平方和(Herfindahl5)、公司前十大股东持股比例的平方和(Herfindahl10)、董事会规模(Board-size)、董事会会议次数(Boardmeeting)、高管人员薪酬总额(Manghold)、高管人员持股数量(Manghold2)共9个变量构建国有传媒企业治理水平评价指标体系。接着,我们在对变量进行标准化处理的基础上,对其进行探索性因子分析,共提取出3个公因子,然后根据主成分系数矩阵将3个公因子表示为9个指标的线性形式,从而得出3个公因子的得分。公因子得分函数表示为:

$$F1 = \beta_1 \times X_1 + \beta_2 \times X_2 + \beta_3 \times X_3 + \beta_4 \times X_4 + \beta_5 \times X_5 + \beta_6 \times X_6 + \beta_7 \times X_7 + \beta_8 \times X_8 + \beta_9 \times X_9$$

$$F2 = \beta_1 \times X_1 + \beta_2 \times X_2 + \beta_3 \times X_3 + \beta_4 \times X_4 + \beta_5 \times X_5 + \beta_6 \times X_6 + \beta_7 \times X_7 + \beta_8 \times X_8 + \beta_9 \times X_9$$

$$F3 = \beta_1 \times X_1 + \beta_2 \times X_2 + \beta_3 \times X_3 + \beta_4 \times X_4 + \beta_5 \times X_5 + \beta_6 \times X_6 + \beta_7 \times X_7 + \beta_8 \times X_8 + \beta_9 \times X_9$$

然后,再以公因子对应的方差贡献率为加权数计算得出治理水平指数。

$$Governance = \lambda_1 / (\lambda_1 + \lambda_2 + \lambda_3) \times F1 + \lambda_2 / (\lambda_1 + \lambda_2 + \lambda_3) \times F2 + \lambda_3 / (\lambda_1 + \lambda_2 + \lambda_3) \times F3$$

其中"λ"指的是因子对应的贡献率,"λ_1"为因子1的贡献率,"λ_2"为因子2的贡献率,"λ_3"为因子3的贡献率。基于预测回归模型,我们计算出国有传媒上市公司治理水平指数。拟合结果详见表4.1。

---

[1] 白重恩,刘俏,陆洲,等.中国上市公司治理结构的实证研究[J].经济研究,2005(2):81-91;马连福,王元芳,沈小秀.中国国有企业党组织治理效应研究——基于"内部人控制"的视角[J].中国工业经济,2012(8):14.

表 4.1　国有传媒上市公司治理水平指数拟合结果

因素	因子载荷矩阵			贡献率
	1	2	3	0.780
第一大股东持股比例（Top1）	0.923	−0.093	0.105	KMO 0.668
第二至第十大股东持股比例（Cstr2-10）	−0.634	0.688	−0.005	
公司第一大股东与第二大股东持股比例的比值（Z）	0.804	0.038	−0.042	
公司前五位大股东持股比例的平方和（Herfindahl5）	0.917	−0.232	0.005	
公司前十位大股东持股比例的平方和（Herfindahl0）	0.917	−0.233	0.007	
董事会规模（Board-size）	−0.107	−0.790	0.032	
董事会会议次数（Boardmeeting）	−0.652	0.720	−0.053	
高管人员薪酬总额（Manghold）	−0.441	0.959	−0.053	
高管人员持股数量（Manghold2）	−0.128	0.956	−0.042	

3. 中介变量

代理成本（MER）。由于本研究主要考察的是国有传媒企业中党组织治理程度与代理成本之间的关系，因此本研究沿用马连福等学者[1]的测量方法，代理成本用管理费用除以主营业务收入的值来测量。

4. 调节变量

制度环境（Marketization）。本研究采用主流的制度环境测量方式，采用王小鲁、樊纲、余静文的《中国分省份市场化指数报告（2016）》中提供的市场化指数，测量国有传媒上市公司所在地区的制度环境。[2]我们参考徐光伟等人[3]的研究方法，在该报告公布的2008—2016年的数据基础上采用一元线性回归预测求得2017年、2018年、2019年中国各省的市场化指数。市场化指数的取值范围从0到10：数值越高，政府干预程度越小，市场化程度越高，制度环境越好。

冗余资源（Slack）。本研究参照江诗松等人的研究，[4]采用财务数据，具体而言是取运营现金储备值（单位：万元）。

---

[1] 马连福，王元芳，沈小秀.中国国有企业党组织治理效应研究——基于"内部人控制"的视角[J].中国工业经济，2012(8)：14.

[2] 王小鲁，樊纲，余静文.中国分省份市场化指数报告（2016）[M].北京：社会科学文献出版社，2017.

[3] 徐光伟，刘星.制度环境对国有企业资本结构影响的实证研究[J].软科学，2010，24(5)：5.

[4] 江诗松，何文龙，路江涌.创新作为一种政治战略：转型经济情境中的企业象征性创新[J].南开管理评论，2019(2)：104-113.

5. 控制变量

参考之前的研究，本研究的控制变量为员工人数（Size）、总资产增长率（Growth）、资产负债率（Lev）、企业年龄（Age）、实际控制人或者总经理或董事长的政治关联（Politic）、层级（Level）等。其中，员工人数、总资产增长率、企业年龄的数据直接从国泰安（CSMAR）数据库获取；而政治关联主要考察党委会成员在公司任职期间是否有政治背景，"是"取1，"否"取0。层级指上市子公司与其母公司之间的层级关系。此外，本研究还加入3个自然年份（Year）作为虚拟变量，以控制年份效应。

表 4.2 主要变量说明

变量类型	代码		变量含义及计算方式	数据来源
自变量	党组织治理的"双向进入"指标	Pardir	党委会成员与董事会成员重合人数/董事会规模	1
		Parsup	党委会成员与监事会成员重合人数/监事会规模	1
		Parman	党委会成员与经理层重合人数/高管层规模	1
		Party	党委会与董事会、监事会、经理层人员重合的总人数/董事会、监事会、经理层总人数	1
	党组织治理的"交叉任职"指标	Parchair	党委书记是否为董事长，"是"取1，"否"取0	1
		Vice	党委副书记是否为董事长、监事会主席或总经理，"是"取1，"否"取0	1
因变量	治理水平	Governance	通过主成分分析法将股权结构治理水平、董事会治理水平和高管薪酬治理水平等9个变量拟合成治理水平指数	4
中介变量	代理成本	MER	管理费用/主营业务收入	2
调节变量	制度环境	Marketization	市场化指数	3
	冗余资源	Slack	运营现金储备（单位：万元）	2
控制变量	员工人数	Size	公司员工总数	2
	总资产增长率	Growth	公司总资产增长率	2
	资产负债水平	Lev	公司资产负债水平	2
	企业年龄	Age	样本所选取的年份与公司成立年份的差值	2
	政治关联	Politic	党委会成员在企业任职期间是否有政治背景，"是"取1，"否"取0	1

续表

变量类型	代码		变量含义及计算方式	数据来源
控制变量	层级	Level	母公司与子公司之间的层级关系	1
	年份	Year	样本所选取的年份	1

说明：1.企业年报；2.国泰安（CSMAR）数据库；3.网络检索；4.根据已有数据拟合计算。

三、分析工具与方法

由于本研究样本为面板数据，主要有固定效应、随机效应和混合效应三种检验方法。一般先通过 BP-LM 检验是选择随机效应还是混合效应，若结果显示应选择随机效应，则还需进一步使用 Hausman 检验是选择随机效应还是固定效应。本研究对样本数据进行 BP-LM 检验，结果显示，应采用面板数据混合回归模型，即最小二乘法（OLS）回归模型来验证党组织治理对国有传媒上市公司治理水平的影响。

关于有调节的中介模型检验，本研究根据温钟麟、海因斯（Hayes）与卢克伍德（Rockwood）的建议，[1] 直接采用 PROCESS 中的 Model8 进行检验。

第四节 数据分析

一、党组织治理的基本情况

1.国有传媒上市公司党组织参与公司治理的描述性分析

表 4.3 显示了主要变量的描述性统计分析结果。结果表明，样本企业中，党委会与董事会（M = 0.228，SD = 0.171）、党委会和经理层的重合程度（M = 0.314，SD = 0.319）高于党委会与监事会的重合程度（M = 0.140，SD = 0.186）。结果还显示，部分国有传

---

[1] 温忠麟，叶宝娟.有调节的中介模型检验方法：竞争还是替补？[J]. 心理学报,2014(5)：714-726；HAYES A F, ROCKWOOD N J. Conditional process analysis: concepts, computation, and advances in the modeling of the contingencies of mechanisms[J]. American behavioral scientist, 2020, 64(1): 19-54.

媒上市公司的监事会、经理层与党委会完全重合（Max = 1）。此外，由图 4.2 可发现，党参与经营管理层的比例最高，同时图 4.3—4.4 在五年间党组织"双向进入"和"交叉任职"的趋势有所波动，具体而言，进入监管层和管理层趋势加强，进入董事会趋势有所下降，同时交叉任职趋势有所加强。

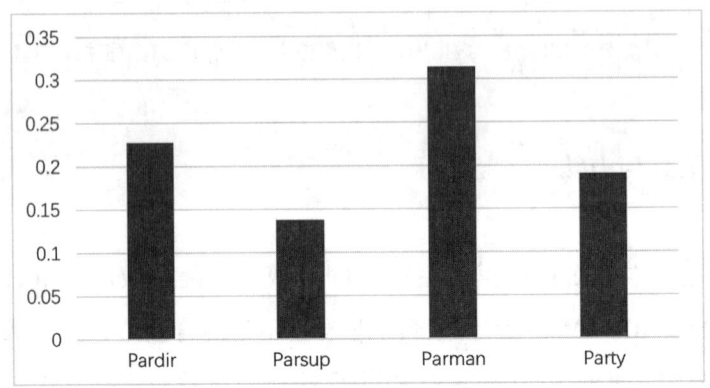

图 4.2　党组织与企业治理机构的"双向进入"程度

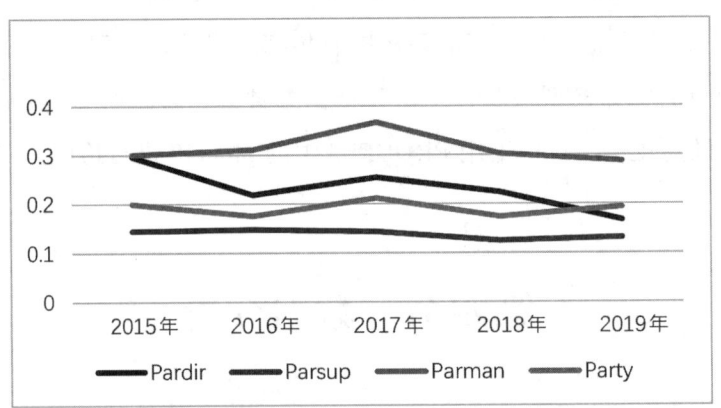

图 4.3　党组织治理"双向进入"的程度与趋势

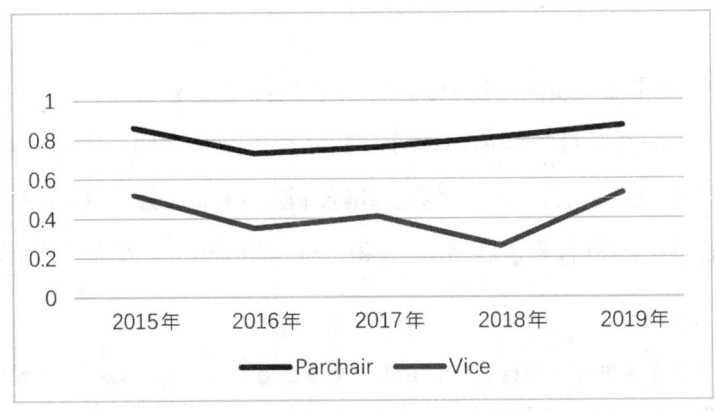

图 4.4　党组织治理"交叉任职"的程度与趋势

2. 国有传媒上市公司治理水平与代理成本的描述性分析

图 4.5 显示了国有传媒上市公司近 5 年在公司治理水平方面的发展情况，总体说来，其治理水平还比较低。但值得注意的是，随着时间的推移，治理水平逐年提高。

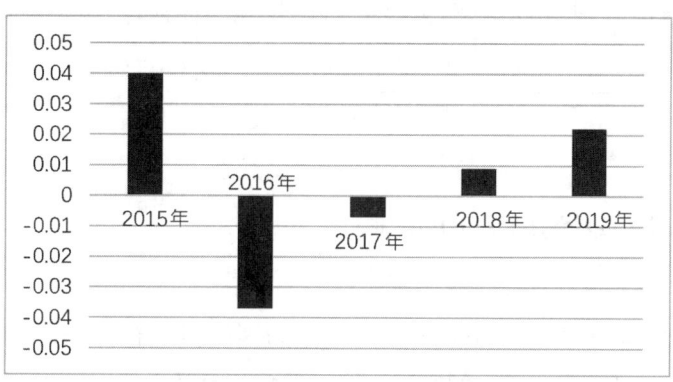

图 4.5　国有传媒上市公司治理水平的变化趋势

表 4.3 报告了主要变量之间的相关关系，结果显示 Pardir、Parsup、Party 都与治理水平呈显著正相关，Parsup、Parman、Party 都与代理成本呈显著正相关，初步说明党组织通过双向进入的方式参与企业治理有助于降低国有传媒上市公司的代理成本。

由于 Party 与 Pardir、Parman 之间相关系数接近 0.5，为避免共线性问题，本研究将 Pardir、Parup、Parman 和 Party 分开放入回归方程。主要变量之间的方差膨胀因子（VIF）的数值小于 2，表明变量之间没有严重的多重共线性问题。

表 4.3　主要变量的相关性和描述性统计分析

	1	2	3	4	5	6	7	8	9
1.Governance	1								
2.MER	−0.252**	1							
3.Pardir	0.397**	−0.103	1						
4.Parsup	0.265**	−0.269**	0.271**	1					
5.Parman	0.123	−0.206*	0.346**	0.268**	1				
6.Party	0.354**	−0.267**	0.622***	0.421***	0.799***	1			
7.Parchair	0.124	−0.009	0.379***	0.032	0.037	0.144	1		
8.Vice	0.086	0.072	0.088	−0.003	0.187*	0.215*	0.188*	1	
9.Marketizaiton	0.221*	−0.189*	−0.045	0.133	−0.251**	−0.044	−0.071	−0.010	1
	Governance	MER	Pardir	Parsup	Parman	Party	Parchair	Vice	Marketization
Mean	0.011	0.110	0.228	0.140	0.314	0.190	0.803	0.409	8.155

续表

	1	2	3	4	5	6	7	8	9
SD	0.645	0.047	0.171	0.186	0.319	0.121	0.399	0.493	1.619
Min	−1.420	0.040	0	0	0	0.030	0	0	3.480
Max	1.940	0.280	0.670	1	1	0.520	1	1	10.500

说明：$+p < 0.1$，$*p < 0.05$，$**p < 0.01$，$***p < 0.001$。

二、党组织治理对治理水平的影响

本研究首先以治理水平（Governance）作为因变量进行回归。为了消除量纲不同与异方差的影响，我们取企业规模（Size）、企业年龄（Age）的自然对数值放入回归方程，并以 Ln 作为前缀命名。由于党组织治理对国有传媒上市公司绩效的影响有一定滞后性，同时，为克服内生性影响，本研究对治理水平进行滞后一期处理。

表 4.4 中的模型 1—6 显示了国有传媒上市公司党委会参与公司治理对公司治理水平的影响。结果显示，在控制了相关变量之后，党委会与董事会的重合程度越高就越能提高国有传媒上市公司的治理水平（Model 1：$\beta = 1.082$，$p < 0.01$）；党委会与监事会重合程度越高，国有传媒上市公司治理水平越高（Model 2：$\beta = 0.944$，$p < 0.01$）；党组织嵌入公司治理程度越深，国有传媒上市公司治理水平越高（Model 4：$\beta = 1.566$，$p < 0.01$）。但是，国有传媒上市公司中的党委会与其他治理机构交叉任职对治理水平的影响不明显。

表 4.4　党组织治理对国有传媒上市公司治理水平影响的回归结果

因变量	Governance	Governance	Governance	Governance	Governance	Governance
模型	Model 1	Model 2	Model 3	Model 4	Model 5	Model 6
Pardir	1.082** (0.301)					
Parsup		0.944** (0.294)				
Parman			0.184 (0.180)			

续表

因变量	Governance	Governance	Governance	Governance	Governance	Governance
模型	Model 1	Model 2	Model 3	Model 4	Model 5	Model 6
Party				1.566** (0.443)		
Parchair					0.054 (0.145)	
Vice						0.143 (0.120)
LnSize	0.020 (0.075)	0.053 (0.078)	0.003 (0.080)	0.049 (0.076)	−0.008 (0.080)	−0.023 (0.079)
Growth	0.145 (0.126)	0.061 (0.126)	0.086 (0.132)	0.140 (0.126)	0.080 (0.133)	0.057 (0.132)
Lev	−0.643 (0.508)	−0.658 (0.514)	−0.688 (0.539)	−0.765 (0.510)	−0.689 (0.542)	−0.677 (0.538)
Politic	−0.048 (0.107)	0.066 (0.113)	−0.039 (0.113)	−0.024 (0.107)	−0.039 (0.114)	−0.059 (0.115)
LnAge	−0.532*** (0.117)	−0.576*** (0.117)	−0.595*** (0.123)	−0.574*** (0.115)	−0.596*** (0.128)	−0.588*** (0.123)
Level	0.194* (0.084)	0.221* (0.086)	0.206* (0.091)	0.209* (0.085)	0.192* (0.091)	0.204* (0.090)
Year	Yes	Yes	Yes	Yes	Yes	Yes
常数	1.241+ (0.640)	1.136+ (0.668)	1.751 (0.682)	1.100+ (0.656)	1.869* (0.717)	1.981 (0.641)
调整 R 方	0.365	0.349	0.287	0.363	0.280	0.289

说明：+$p < 0.1$，*$p < 0.05$，**$p < 0.01$，***$p < 0.001$；括号内为标准误 S.E.。

三、代理成本的中介作用检验

本研究采用 Bootstrap 方法对代理成本的中介作用进行检验，选择 Bootstrap 样本量为 5,000，采用偏差校正方法，选取 95% 置信区间，并采用 SPSS 中的 PROCESS 进行分析。

表 4.5 和表 4.6 的数据显示，当党组织以"双向进入"的方式参与国有传媒上市公司治理时，在党委会和董事会重合程度与治理水平关系中，代理成本的中介效应估

计区间包含 0，表明代理成本不具有中介作用，即党委会与董事会双向进入，不会通过减少代理成本影响国有传媒上市公司的治理水平；党委会与监事会的重合程度对治理水平的总效应（$\beta = 0.944, p < 0.01$）在控制中介变量后仍旧显著（$\beta = 0.783, p < 0.01$），中介变量代理成本的估计中介作用大小为 0.161，估计区间不包含 0（LLCI = 0.026，ULCI = 0.382），表明代理成本具有中介作用，即党委会与监事会双向进入，能通过降低代理成本影响国有传媒上市公司的治理水平；党委会与经理层重合的程度对治理水平的主效应不显著（$\beta = 0.184, p > 0.1$），因此中介效应也不成立。党组织治理程度对治理水平的总效应（$\beta = 1.566, p < 0.01$）在控制中介变量后仍显著（$\beta = 1.277, p < 0.01$），中介变量代理成本的估计中介作用大小为 0.072，估计区间不包含 0（LLCI = 0.641，ULCI = 0.628），表明代理成本具有中介作用，即党组织参与国有传媒上市公司治理，主要通过降低代理成本提高公司的治理水平。

表 4.5 代理成本在党组织治理与治理水平之间的中介效应检验结果

自变量	中介变量	因变量	总效应	直接效应	间接效应	中介效应评估区间	
						LLCI	ULCI
Pardir	MER	Governance	1.082**	0.955**	0.127	−0.008	0.327
Parsup			0.944**	0.783**	0.161	0.026	0.382
Parman			0.184	0.079	0.015	0.254	0.432
Party			1.566**	1.277**	0.072	0.641	0.628
Parchair			0.054	0.052	0.001	−0.106	0.095
Vice			0.143	0.175	−0.032	−0.126	0.041

说明：+$p < 0.1$，*$p < 0.05$，**$p < 0.01$，***$p < 0.001$。

总体而言，"双向进入"的四个变量除了党委会与董事会重合程度的中介效应不显著以外，其他变量的中介效应都显著，表明党组织以"双向进入"的方式参与国有传媒上市公司治理时，能降低代理成本，进而提高国有传媒上市公司治理水平。

表 4.6 代理成本在党组织治理与治理水平之间中介作用的回归结果

因变量	MER	Governance	MER	Governance	MER	Governance	MER	Governance	MER	Governance	MER	Governance
模型	Model 1-a	Model 2-a	Model 3-a	Model 4-a	Model 5-a	Model 6-a	Model 7-a	Model 8-a	Model 9-a	Model 10-a	Model 11-a	Model 12-a
Pardir	−0.046 (0.028)	0.955** (0.297)										
Parsup			−0.061* (0.026)	0.783** (0.295)								
Parman					−0.033* (0.016)	0.079 (0.178)						
Party							−0.122** (0.039)	1.277** (0.456)				
Parchair									0.000 (0.013)	0.052 (0.139)		
Vice											0.009 (0.011)	0.143 (0.120)
MER		−2.752* (1.085)		−2.659* (1.117)		−3.232** (1.152)		−2.377* (1.136)		−3.338** (1.126)		−3.491** (1.118)
LnSize	0.008 (0.007)	0.041 (0.073)	0.005 (0.007)	0.067 (0.076)	0.007 (0.007)	0.024 (0.078)	0.004 (0.007)	0.060 (0.075)	0.009 (0.007)	0.023 (0.077)	0.008 (0.007)	0.006 (0.076)
Growth	−0.021+ (0.012)	0.087 (0.124)	−0.017 (0.011)	0.015 (0.124)	−0.020 (0.011)	0.020 (0.130)	−0.023* (0.011)	0.084 (0.126)	−0.018 (0.012)	0.019 (0.130)	−0.019+ (0.012)	−0.010 (0.128)
Lev	−0.068 (0.047)	−0.830 (0.500)	−0.068 (0.046)	−0.839 (0.508)	−0.065 (0.046)	−0.899 (0.526)	−0.060 (0.045)	−0.908+ (0.505)	−0.067 (0.047)	−0.911+ (0.526)	−0.066 (0.047)	−0.908 (0.520)
Politic	0.011 (0.010)	−0.016 (0.105)	0.004 (0.010)	0.077 (0.110)	0.011 (0.010)	−0.002 (0.110)	0.010 (0.010)	0.000 (0.106)	0.011 (0.010)	−0.003 (0.110)	0.009 (0.010)	−0.026 (0.110)
LnAge	0.005 (0.011)	−0.517*** (0.114)	0.007 (0.010)	−0.558*** (0.114)	0.006 (0.011)	−0.575*** (0.119)	0.006 (0.010)	−0.560*** (0.114)	0.009 (0.011)	−0.567*** (0.124)	0.010 (0.011)	−0.552*** (0.118)
Level	0.003 (0.008)	0.203** (0.082)	0.001 (0.008)	0.224** (0.084)	0.000 (0.008)	0.205* (0.088)	0.002 (0.008)	0.212* (0.083)	0.003 (0.008)	0.203* (0.088)	0.004 (0.008)	0.219* (0.087)
Year	Yes	Yes	Yes	Yes	Yes	Yes	Yes	Yes	Yes	Yes	Yes	Yes
常数	0.050 (0.059)	1.379* (0.625)	0.073 (0.060)	1.329* (0.657)	0.060 (0.059)	1.945** (0.662)	1.307* (0.653)	1.307* (0.653)	0.019 (0.063)	1.934** (0.689)	0.018 (0.056)	2.045** (0.614)
调整 R 方	0.115	0.406	0.137	0.386	0.130	0.342	0.173	0.391	0.090	0.341	0.097	0.356

说明：+$p < 0.1$，*$p < 0.05$，**$p < 0.01$，***$p < 0.001$；括号内为标准误 S.E.。

此外，当党组织以"交叉任职"方式进入国有传媒上市公司治理时，对治理水平的影响并不显著，并且代理成本在"交叉任职"两个指标与治理水平中的中介效应估计区间上都有0，代理成本也不具有中介作用。

四、有调节的中介模型检验

本研究采用PROCESS中的Model8对构建的有调节的中介模型进行检验，Model8主要假设中介模型的前半段以及直接路径受到调节。

为了避免出现多重共线性问题，本研究将六个解释变量Pardir、Parsup、Parman、Party、Parchair、Vice和调节变量Marketization进行中心化处理，将中心化后的解释变量分别与调节变量进行交乘，最后采用Model8模型进行回归分析，以此来检验本研究有调节的中介模型。

表4.7的结果说明，在控制住企业规模、年龄等变量的情况下，将制度环境放入模型后，"双向进入"和"交叉任职"的多数指标与制度环境的交乘项没有同时对代理成本和治理水平产生影响。只有党委会和经理层重合程度与制度环境的交乘项对代理成本以及治理水平产生了显著影响（代理成本：$\beta = 0.032$，$p < 0.01$；治理水平：$\beta = 0.282$，$p < 0.05$），这充分说明制度环境不仅能够调节党委会和经理层重合程度与国有传媒上市公司治理水平的关系，而且能够调节党委会与经理层重合程度对代理成本的影响。

从图4.6可以看出，处于制度环境较差地区的国有传媒上市公司，党委会和经理层重合程度与治理水平呈显著正相关；与此同时，对于处在制度环境较好地区的国有传媒上市公司，党委会和经理层重合程度与治理水平也呈显著正相关，且影响程度越大，表明随着制度环境的完善，党委会与经理层重合程度对国有传媒上市公司治理水平的影响增加得越快。

由图4.7可知，当国有传媒上市公司位于制度环境较差地区时，党委会和经理层重合程度与代理成本呈显著负相关；而公司位于制度环境较好地区时，党委会和经理层重合程度与代理成本呈显著负相关，但影响力相对较弱，表明随着制度环境的完善，党委会与经理层重合程度对代理成本的影响减弱。

表 4.7 有调节的中介模型的回归结果

因变量 模型	MER 1-b	Governance 2-b	MER 3-b	Governance 4-b	MER 5-b	Governance 6-b	MER 7-b	Governance 8-b	MER 9-b	Governance 10-b	MER 11-b	Governance 12-b
Pardir	-0.040* (0.027)	0.892* (0.281)										
Parsup			-0.041 (0.025)	0.714* (0.278)								
Parman					-0.035* (0.015)	0.361* (0.172)						
Party							-0.058 (0.037)	1.193** (0.397)				
Parchair									0.002 (0.013)	-0.012 (0.136)		
Vice											0.011 (0.010)	0.217 (0.108)
MER		-2.075* (1.050)		-2.441* (1.114)		-2.881* (1.147)		-2.553* (1.093)		-2.592* (1.100)		-2.518* (1.055)
Marketization	-0.007* (0.003)	0.095 (0.032)	-0.006* (0.003)	0.083** (0.033)	-0.01 (0.003)	0.099** (0.035)	-0.007* (0.003)	0.096** (0.032)	0.002 (0.013)	-0.012 (0.136)	-0.005 (0.004)	0.039 (0.038)
Parsdir × Marketization	0.019 (0.018)	-0.112 (0.183)										
Parsdsup × Marketization			0.048** (0.018)	0.275 (0.202)								
Parman × Marketization					0.032* (0.010)	0.282* (0.120)						
Party × Marketization							0.078** (0.027)	0.485 (0.298)				

续表

因变量	MER	Governance	MER	Governance	MER	Governance	MER	Governance	MER	Governance	MER	Governance
模型	1-b	2-b	3-b	4-b	5-b	6-b	7-b	8-b	9-b	10-b	11-b	12-b
Parchair×Marketization									0.001 (0.006)	0.088 (0.067)		
Vice×Marketization											−0.008 (0.007)	0.193 (0.077)
LnSize	0.003 (0.006)	−0.039 (0.063)	0.003 (0.006)	−0.068 (0.063)	0.004 (0.006)	−0.089* (0.063)	0.003 (0.006)	−0.056 (0.062)	0.004 (0.006)	−0.075 (0.068)	0.002 (0.006)	−0.059 (0.064)
Growth	−0.015 (0.011)	0.056 (0.115)	−0.015 (0.011)	0.002 (0.117)	−0.013 (0.01)	0.056 (0.117)	−0.013 (0.011)	0.061 (0.115)	−0.015 (0.011)	0.018 (0.121)	−0.013 (0.011)	−0.06 (0.118)
Lev	−0.074 (0.047)	−0.417 (0.485)	−0.071 (0.04)	−0.525 (0.445)	−0.105* (0.041)	−0.923 (0.473)	−0.095 (0.043)	−0.886* (0.467)	−0.045 (0.042)	−0.616 (0.455)	−0.049 (0.042)	−0.646 (0.433)
Politic	0.011 (0.01)	0.01 (0.099)	0.005 (0.01)	0.097 (0.105)	0.013 (0.009)	0.051 (0.101)	0.013 (0.009)	0.021 (0.099)	0.013 (0.01)	0.025 (0.106)	0.011 (0.01)	−0.057 (0.103)
LnAge	0.012 (0.011)	−0.574*** (0.11)	0.013 (0.01)	−0.589*** (0.112)	0.014 (0.01)	−0.589 (0.111)	0.017+ (0.01)	−0.576* (0.111)	0.015*** (0.011)	−0.638 (0.121)	0.016*** (0.011)	−0.565*** (0.112)
Level	0.008 (0.008)	0.137 (0.082)	0.006 (0.008)	0.168* (0.083)	0.01 (0.008)	0.216 (0.086)	0.013 (0.008)	0.172 (0.084)	0.004* (0.008)	0.136 (0.09)	0.006 (0.008)	0.208* (0.085)
Year	Yes	Yes	Yes	Yes	Yes	Yes	Yes	Yes	Yes	Yes	Yes	Yes
常数	0.028 (0.139)	2.749 (1.431)	0.016 (0.13)	3.468* (1.419)	0.015 (0.125)	4.194 (1.407)	0.004 (0.13)	3.345 (1.394)	−0.029 (0.148)	3.89 (1.596)	0.027* (0.14)	3.26* (1.445)
调整R方	0.134	0.449	0.208	0.434	0.263	0.441	0.207	0.454	0.126	0.390	0.131	0.443

说明：+$p < 0.1$，*$p < 0.05$，**$p < 0.01$，***$p < 0.001$；括号内为标准误 S.E.。

此外，表 4.8 表明，制度环境的三个水平上（均值加一个标准差、均值、均值减一个标准差），代理成本在党委会和经理层重合程度与治理水平关系中的中介作用不断减弱，这说明随着制度环境的完善，党委会与经理层的双向进入，更难以通过降低代理成本提高治理水平。

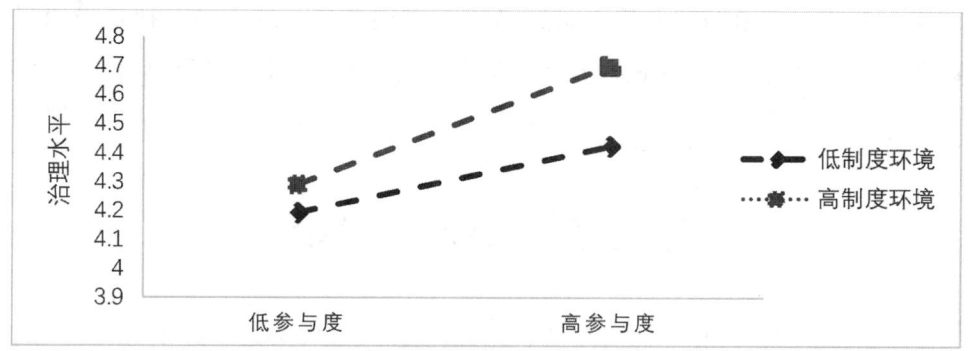

图 4.6　制度环境在党委会和经理层"双向进入"与治理水平关系中的调节作用

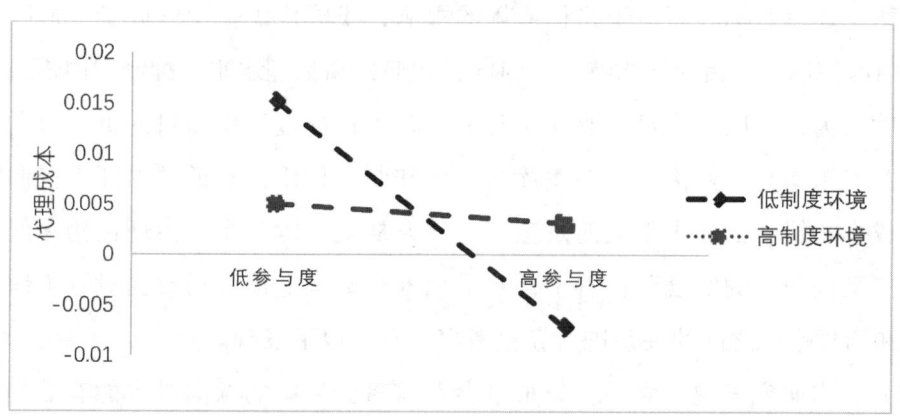

图 4.7　制度环境在党委会和经理层"双向进入"与代理成本关系中的调节作用

表 4.8　制度环境不同水平上的直接效应与中介效应

	制度环境	效应值	BootSE	BootLLCI	BootULCI
直接效应	−1.685(M−1SD)	−0.115	0.244	−0.599	0.370
	−0.073(M)	0.341	0.171	−0.001	0.680
	1.539(M+1SD)	0.796	0.271	0.259	1.333
代理成本的中介效应	−1.685(M−1SD)	0.257	0.112	0.066	0.503
	−0.073(M)	0.107	0.058	0.025	0.250
	1.539(M+1SD)	−0.044	0.070	−0.258	0.072

五、稳健性检验

在稳健性检验方面，本研究采用了两种方法：一种是改变因变量治理水平的计算方法，将分年度拟合公司治理水平代入回归模型。结果显示，无论是主效应还是中介效应，抑或有调节的中介模型，其结果与前述结果一致；另一种是采用当期的样本数据进行检验，其结果与前述结果仍保持一致，说明本研究结果具有较高稳健性。

第五节　结论与讨论

建立健全现代企业制度、完善法人治理结构已成为转企改制的国有传媒企业的重要改革与建设目标。而由于路径依赖的影响，我国传媒企业形成了"行政干预—经营者内部控制"的治理结构特点。因此，如何提高治理水平，抑制"内部人控制"问题也就成为这些国有传媒企业在实现上述改革目标过程中面对的重大议题。本研究重视党组织参与企业治理所能发挥的监督和制衡作用在降低"内部人控制"带来的代理成本、提高治理水平上的效应。本研究从党组织与企业治理机构之间"双向进入、交叉任职"的实践路径着手，并采用国有传媒上市公司数据对党组织参与公司治理和治理水平之间的关系进行经验考察，有了以下发现。

首先，本研究发现，党委会与董事会及监事会之间的双向进入能有效提高国有传媒企业的治理水平。董事会、监事会分别对应决策权与监督权，这说明党组织主要通过发挥决策权与监督权来提高传媒企业治理水平。但是，董事长、副董事长与党委书记、副书记之间的"交叉任职"并不能有效提高国有传媒企业治理水平，这说明将党务职能与决策职能相融有可能造成"一把手""二把手"的权力集中，反而不能有效发挥党组织的监督作用，也难以提高治理水平。

其次，本研究还发现，党委会与监事会及经理层之间的双向进入能有效降低代理成本，进而提高国有传媒企业治理水平。这说明，党组织监督功能的发挥以及"党管干部""党管人事"的确能有效抑制内部人控制问题。

最后，本研究进一步发现，随着制度环境的完善，党委会与经理层的双向进入，更难通过降低代理成本提高治理水平。可能的原因在于，在市场经济较为发达、党和政府介入较少的地区，国有传媒企业法人治理结构更加完善，党组织参与企业治理对企业而言，作用并不明显。而在市场经济不太发达、党和政府介入程度较高的地区，国有传媒企业中的内部人控制问题更加严重，因此，党组织参与企业治理能有效发挥党组织作用，减少代理成本，提高治理水平。

本研究的局限主要有以下几个方面：一是由于年报并未完全披露公司董事、监事、经理层人员在党委会中的任职情况，因此，此部分信息主要依靠人工搜集完成，可能会与实际情况略有出入；二是考虑到数据可得性，本研究主要采用上市公司数据，但传媒上市公司数量有限，导致样本量受限；三是本研究主要以"双向进入、交叉任职"为测量指标，而在实践中，党组织治理是多途径与多维度的，比如党组织事前决策情况等，但受数据披露限制，本研究未能得到相关数据，后期，我们将采用更为多元的研究方法展开进一步研究。

第五章

党组织治理与国有传媒企业经济绩效的实证研究

第一节 问题的提出

1978年以来，中国媒体机构走上了市场化道路，虽然其仍然保有事业单位性质，但其在进行企业化管理和运营的过程中，也产生了经济利润方面的追求。2003年开启的新一轮文化体制改革提出"分类管理、转企改制"的改革方案后，大量媒体机构从事业单位转型为企业，其虽依然保有国有性质，但被要求以市场主体的身份参与市场竞争，呈现出更为明显的商业取向。[1]与此同时，这些媒体机构也被要求将党的领导与现代公司治理结构相结合（中共中央办公厅、国务院办公厅，2001），将党组织作为重要的治理机构纳入公司治理架构。那么，党组织参与公司治理对国有传媒企业经济绩效有何影响？又是如何产生影响的？这些问题有待探讨。

本研究采用经验研究方法考察中国情境下的党组织参与传媒公司治理对公司经济绩效的影响。2018—2020年，课题组赴北京、上海、杭州、宁波、福州、厦门等地的国有传媒企业，对共计32位经营管理者进行访谈，并获得了国有传媒上市公司的二手数据。本研究为我们理解政党对传媒机构行为与绩效的影响提供了经验支持。这一研究具有以下几个方面的研究价值。第一，从资源视角切入，考察党组织治理对国有传媒企业绩效的影响及党组织治理机制，我们可以更加深刻地认识政党与媒体的关系。第二，中国作为发展中国家，地区发展不平衡，而且国有传媒企业发展水平相去甚远，因此，我们还将制度环境与冗余资源作为情境化因素纳入研究，为理解不同情境下的政党对媒体的影响机制提供借鉴。

---

[1] HAIYAN W, COLIN S. Chinese newspaper groups in the digital era: the resurgence of the party press[J]. Journal of communication, 2019(1): 1.

第二节　文献综述与研究假设

一、党组织治理对经济绩效的影响

近年来，随着市场化改革与媒体企业化改革的推进，以及现代公司治理成为传媒企业制度建设题中应有之意，传媒机构层面的制度安排也从党组织的一元化领导转变为党组织嵌入企业治理结构。当前，党组织治理已成为中国传媒企业治理的重要特色，并主要通过党委会与董事会、监事会与管理层的"双向进入、交叉任职"来实现。

首先，资源依赖理论指出，组织内部无法产生所需要的所有资源，没有一个组织能实现完全自给，因此，组织为了生存必须通过其他组织获取必要的资源。对资源的需求构成了组织对外部的依赖，资源的稀缺性和重要性决定了组织对外部的依赖程度。组织无法孤立地运转，必须与外部进行交互作用，必须与控制资源的外部行动者进行互动交往，这种交往和谈判的能力决定了组织的生存机会。[1]

其次，在中国，不仅传媒体制改革与传媒产业发展都是在中国共产党的领导下进行的，而且中国共产党作为执政党掌握着传媒企业发展的关键资源，并主要通过两种方式为传媒企业提供资源支持：一是党通过政府机构间接地为传媒企业提供资金、场地、政策等方面的支持；二是党的组织体系直接为传媒企业提供合同外包、特许经营、政策、资金等资源支持。比如，当前为推进媒体融合发展，不少地方政府或地方党委宣传部给予媒体专项资金补贴，如青岛市委宣传部会同市政府在2018年拨出文化体制改革及媒体融合发展专项资金8,990.02万元人民币给青岛出版集团、青岛日报报业集团、青岛市广播电视台、青岛演艺集团等青岛市党委或政府的直属文化企业。[2]

而在党组织参与传媒企业治理的同时，国有传媒企业的党组织也作为基层党组

---

[1] DAVIS G F, COBB J A. Resource dependence theory: past and future[J]. Research in the sociology of organizations, 2010(28): 21-42; PFEFFER J, SALANCIK G R. The external control of organizations: a resource dependence perspective[M]. Califonia: Stanford Business Books, 1978.

[2] 青岛政务网.2019市委宣传部2018年度文化体制改革及媒体融合发展专项资金绩效评价报告[EB/OL].(2019-06-14)[2020-10-01].http://www.qingdao.gov.cn/n172/n25685095/n25685320/n25686164/n31280747/190614093214127401.html.

织嵌入中央—地方—基层的党组织网络，党组织作为一个中介将企业治理与党政机构联结起来。于是，党组织参与传媒企业治理加强了企业与外部的政治关联。[1]一方面，国有传媒企业可以利用党组织的政治资源优势，更准确、全面地掌握党及其领导下的政府的政策措施，并获得资金支持，也可以通过政治信息渠道，反映自身诉求与愿望，从而更好地提供社会服务与提高运营效率。但另一方面，党组织参与企业治理也可能使国有传媒企业承担起更多的政治任务，增加其政治负担，影响其运营效率。

由此，党组织治理对国有传媒企业经济绩效可能产生两种不同方向的影响，它既可能通过政治资源优势与监督功能提升企业经济绩效；又可能会加重企业政治负担，阻碍其经济绩效的提升。由此，我们提出两个竞争性假设。

H1a：党组织治理程度越高，国有传媒企业经济绩效越好；

H1b：党组织治理程度越高，国有传媒企业经济绩效越差。

二、资源支持与政治负担的中介作用

资源依赖理论指出，组织内部无法产生其生存和发展所需要的所有资源，因此，组织必须通过其他组织获取必要的资源。组织无法孤立地运转，必须与外部进行交互作用，与那些控制资源的外部行动者进行互动交往，这种交往和谈判能力决定了组织的生存机会。[2]

在实践中，中国传媒机构虽经历"事业单位，企业化管理"与"转企改制"而变得日益市场化，但在相当程度上仍然依靠刊号、特许经营等获利。[3]一位总编辑在访谈中指出：

"它们（指地方报业集团）都是利用自己在当地的垄断资源去盈利。在当地，谁敢得罪它们呀，别人之所以愿意给它们钱（指投广告或办活动），就是因为看中

---

[1] CHANG E C, WONG S M L. Political control and performance in China's listed firms[J]. Journal of comparative economics, 2004, 32(4): 617-636.
[2] DAVIS G F, COBB J A. Resource dependence theory: past and future[J]. Research in the sociology of organizations, 2010(28), 21-42; PFEFFER J, SALANCIK G R. The external control of organizations: a resource dependence perspective[M].Stanford: Stanford University Press, 2003; SALANCIK G R. The external control of organizations: a resource dependence perspective[M]. New York: Harper & Row, 1978.
[3] 胡正荣，李继东. 我国媒介规制变迁的制度困境及其意识形态根源[J]. 新闻大学，2005(1)：3-8.

了它们在当地的垄断性话语权。"[1]

另一位媒体总监在谈到一家被作为标杆的媒体平台的建设情况时称：

"把当地党委、政府所有的职能都给它（指媒体平台），都放到这个App上。那它（指媒体平台）当然好做了，也能挣到钱。"[2]

并且，当一些传媒企业面临经营困境时，它们首先想到的也是向党和政府寻求资源支持。如在笔者与省委宣传部工作人员一起参加的一次媒体调研活动中，几乎所有的媒体负责人都向省委宣传部提出给予资助的要求：

"在全国媒体收入都大幅下滑的情况下，我们也在夹缝中求生存。虽然近几年集团也在追求结构的多元化，但我们毕竟采取的还是以广告为主的单一经营模式，我们希望在其他地方能有所突破，也想尽可能争取一些扶持类的资金来补充我们的资金缺口。"[3]

"我们所有的难题都是这个米袋子的问题，我们的媒体还是需要（你们宣传部）支持的吧，通过财政拨给我们一点钱。"[4]

由此，我们可以看出，作为企业的媒体需要自负盈亏，但其发展依旧呈现出对政治资源的极强依赖性。

从上述讨论可知，党组织治理可能为国有传媒企业带来更多的资源支持，从而有助于提升其经济绩效与社会绩效。由此，我们提出研究假设。

H2：资源支持在党组织治理与国有传媒企业经济绩效的关系中具有中介作用。

虽然从企业的资源依赖与资源获取视角出发，一些实证研究结果证实了党组织治理对企业绩效的积极影响，但也有研究指出，从党和政府手中获得的资源并不是免费的，而是需要为党或政府承担政治或社会责任，因此，企业为了获得这些资源，有可能付出更多的成本，甚至这些成本会抵消这些资源所带来的优势。[5]

在转企改制之后，绝大多数传媒单位已经转型为国有传媒企业。但是，这些国

---

[1] 访谈时间：2018年10月29日。
[2] 访谈时间：2020年10月29日。
[3] 访谈时间：2019年3月22日。
[4] 访谈时间：2019年3月22日。
[5] SHLEIFER A, VISHNY R. Politician and firms[J]. Quarterly journal of economics，1994(4)：109.
FACCIO M, MASULIS R W, MCCONNELL J J. Political connections and corporate bailouts[J]. Journal of finance，2006，61(6)：2597-2635.

有传媒企业仍是国家所有的、具有意识形态功能,而非私人运营的商业机构。[1]因此,对于国有传媒企业而言,坚持正确的舆论导向优先于盈利。我国对这些传媒企业管理者的要求,也在一定程度上贯彻着"政治家办报"的传统。传媒企业的政治安全而非商业上的成功对其管理者来说更加重要。[2]

作为政治核心与领导核心嵌入国有传媒企业治理结构的党组织,也进一步将党的政治目标或社会目标内化于企业,使得国有传媒企业运营时,面临更多的政治考量,承担更多的政治任务,如生产更多的宣传产品,提供更多的岗位等,而这些政治负担难免影响其运营效率。在谈及国有传媒企业经营中存在的问题时,一位广电集团负责人说:"我们感觉到政治属性与经济属性,公益性事业和经营性产业的关系一直没有被厘清,大部分媒体现在是戴着镣铐跳舞,一方面要做宣传,另一方面要自己为生存而战。所以两边夹击两边受累。"[3]

这一观点也得到了另一位部门负责人的认同:"我们对省宣布置的各种任务,可以说是全力投入,加班加点地干,但是我们资金缺口还是很大。希望集团将来对时政报道、公益宣传要加大投入。"[4]

而事实上,除了额外的宣传任务,国有传媒企业还有其他政治与社会负担,而这些负担也影响着企业的运营效率。一位报社负责人也谈到即使面临预期亏损,报社也要维持运作的原因:

"为什么我们现在要这么苦苦支撑,不敢去关停并转,就是因为人员的问题,这么多人下岗怎么办?这些人背后又牵扯到更多的家庭……所以都是为了稳定。"[5]

因此,党组织治理也可能会给国有传媒企业带来额外的政治负担,从而阻碍其经济绩效的提升。由此,我们提出研究假设。

H3:政治负担在党组织治理与国有传媒企业经济绩效的关系中具有中介作用。

---

[1] YIN L, WANG H. People-centred myth: representation of the wenchuan earthquake in China daily[J]. Discourse & communication, 2010, 4(4): 383-398.
[2] 尹连根,刘晓燕."姿态性融合":中国报业转型的实证研究[J]. 新闻与传播研究, 2013, 20(2): 99-112, 128; LIU Y.A gesture of compliance: media convergence in China media[J].Culture & society, 2014, 36(5): 561-577.
[3] 访谈时间:2019年3月22日。
[4] 访谈时间:2019年3月22日。
[5] 访谈时间:2019年3月22日。

三、制度环境与冗余资源的调节作用

从社会嵌入理论视角出发，嵌入性在社会结构中对经济行动具有强大影响。[1]企业治理具有社会嵌入性，企业不应被当成孤立的社会单位，它们内生于它们所处的环境，因此，对企业治理的研究应置于"生存环境""制度环境"或关系网络的外部环境之下。[2]

从1978年开始，中国经历了从计划经济向市场经济转轨的过程。在此期间，由于地区间资源禀赋、地理位置以及产业政策的不同，不同地区在政府干预程度、经济发展程度以及法制水平等方面呈现出较大差异。[3]而且，不同地区制度环境的差异，可能使党组织嵌入企业治理的行为对绩效的影响也存在差别。

具体而言，在制度环境较好的地区，市场化改革更加深入，党和政府的干预较少，资源配置更加公开透明，党的组织系统掌握的权力向市场化机制转移。在这些地区，国有传媒企业发展所需的资源、管理者的晋升评估主要依靠市场机制，媒体企业发展更多地追求合理性、公平性和效率。因此，党组织参与企业治理对国有传媒企业经济绩效的影响较弱。

而在制度环境较差的地区，市场化程度较低，党和政府的干预程度较高，党和政府在资源分配方面拥有更大权力，规则制定和法律执行的有效性不高。在这些地区，国有传媒企业运营面临着更严重的党政干预，也更有可能依赖党组织来获得其发展所需的政治资源，国有传媒企业的管理者也更容易通过人情往来、腐败、违规的方式而非好的经营业绩来获得晋升。

基于以上的分析，我们认为，随着制度环境的改善，党组织参与企业治理对国有传媒企业经济绩效的影响减弱。由此，我们进一步提出假设。

H4：在制度环境越好的地区，党组织治理对国有传媒企业经济绩效的影响越弱。

现在，依然从资源依赖理论出发，国有传媒企业要从党及其领导下的政府手中获得资源支持，就必须完成一部分党的建设与发展目标。那么，当国有传媒企业自身拥有充足的冗余资源的时候，它们对党和政府的资源依赖会大为减少。反之，当

---

[1] GRANOVETTER M. Economic action and social structure: the problem of embeddedness[J]. American journal of sociology, 1985, 91(3): 481-510; ZUKIN S, DIMAGGIO P. Structures of capital: the social organization of the economy[M]. New York: Cambridge University Press, 1990.

[2] 威廉森. 治理机制[M]. 王健，方世健，等译. 北京：中国社会科学出版社，2011；陈仕华，李维安. 公司治理的社会嵌入性：理论框架及嵌入机制[J]. 中国工业经济，2011(6)：99-108.

[3] 王小鲁，樊纲，余静文. 中国分省份市场化指数报告（2016）[M]. 北京：社会科学文献出版社，2017.

国有传媒企业不具有足够多的冗余资源时，它们会更多地向党和政府寻求资源支持。由此，我们进一步提出假设。

H5：在冗余资源越丰富的国有传媒企业中，党组织治理对国有传媒企业经济绩效的影响越弱。

第三节　研究设计

一、样本选择与数据来源

本研究主要关注由传媒事业单位转制而成的国有传媒企业中的党委会治理对传媒企业经济绩效的影响及党委会治理机制。而且，由于媒体融合的深入推进，部分国有传媒企业已转型为以互联网产品与服务为主营业务的互联网企业，如人民网、新华网、浙数传媒等。因此，本研究的原始样本来自2015—2019年沪、深两市A股中文化传媒和互联网产品与服务板块的国有上市公司。然后，我们根据以下标准对样本进行筛选：（1）剔除主营业务为软件开发与硬件生产的企业；（2）剔除当年交易状态为ST、*ST的上市公司；（3）剔除财务数据缺失的样本；（4）剔除企业党委会信息没有披露的样本。企业财务数据来自国泰安（CSMAR）数据库与Wind数据库。党委会、董事会、监事会和经理层人员数据是我们根据上市公司的年报，经手工计算获得。最终样本为31家上市公司的137个观测值。

二、变量定义和说明

1. 自变量

党组织治理。鉴于目前党组织参与国有传媒企业治理主要采取"双向进入、交叉任职"的方式，本研究采用马连福等人[1]的方法，用党委会成员与董事会成员重合

---

[1] 马连福，王元芳，沈小秀.中国国有企业党组织治理效应研究——基于"内部人控制"的视角[J].中国工业经济，2012(8)：4-97.

人数除以董事会规模（Pardir），党委会成员与监事会成员重合人数除以监事会规模（Parsup），党委会成员和经理层重合人数除以高管层规模（Parman）以及党委会与董事会、监事会、经理层人员重合的总人数除以董事会、监事会、经理层总人数（Party）四个指标作为党组织通过"双向进入"参与企业治理的程度的测量指标；以党委书记是否为董事长（Parchair）以及党委副书记是否为董事长、监事会主席或者总经理（Vice）两个指标作为党组织通过"交叉任职"参与企业治理的程度的测量指标。

2. 因变量

经济绩效（ROA[1]）。陆雄文、孙金云总结了几种经济绩效测量方法：主观指标法、客观非财务指标法、客观财务指标法。[2] 具体来说，主观指标法一般指使用量表对经济绩效进行测量的方法，如德莱尼（Delaney）和胡塞利德（Huselid）在1996年开发了营销绩效量表。该量表包含财务指标（如销售额、利润率等）与非财务指标（如营销、市场份额等）。[3] 客观非财务指标法则指采用非财务指标来评价企业的经济绩效的方法，经常采用的指标为生产率和销售额增长。但生产率一般只能应用于劳动成本高的行业，而难以用它有效测量劳动成本低的行业。而销售额增长只能代表资源的流入，难以全面反映企业的经济绩效。

于是，客观财务指标法成为测量企业经济绩效的主流方法。这种方法主要采用ROA（总资产收益率）或者ROA的长期均值，ROE（净资产收益率）或者ROE的长期均值，Tobin's Q或者Q（市场价值与资产价值的比例）。但是，Tobin's Q较易受到外部市场因素及非相关因素变动的影响，而且，我国资本市场不太成熟且股票的流动性较差，Tobin's Q难以反映真实的企业绩效情况。因此，ROA与ROE是较常用的测量指标。

本研究以总资产收益率（ROA）作为衡量国有传媒企业经济绩效的指标。同时，为了使结果更加稳健，本研究还选择ROE作为测量国有传媒上市公司经济绩效的替代指标。

3. 中介变量

资源支持（Support）。本研究参考薛云奎和白云霞的做法，以政府补助作为代

---

[1] ROA为总资产收益率，是测量经济绩效的指标。
[2] 陆雄文，孙金云. 企业绩效测量方法的研究综述[J]. 经济管理（增刊），2009，31（Z1）：264-268。
[3] DELANEY J T, HUSELID M A. The impact of human resource management practices on perceptions of organizational performance[J]. Academy of management journal, 1996, 39(4): 949-969.

理变量。[1] 政府补助来自上市公司年度财务报表附注中的"营业外收入—政府补助"项目，通过手工计算获得。"营业外收入—政府补助"包括政府部门和党务部门的技改拨款、研发补助、税收返还、各种扶持项目资金等。

政治负担（Burden）。既有研究主要采用可观测的超额人员雇佣作为政治负担的代理变量。本研究认为，对国有传媒企业而言，额外的政治负担也会带来超额人员雇佣，因此，本研究也采用这一方法。参照张敏、薛云奎和白云霞的计算方法，[2] 我们首先用全样本对模型 $Y=\alpha+\beta\times Asset+\omega\times Capital+\theta\times Growth+\varepsilon$ 进行回归，计算出各个变量的系数 α_1、β_1、ω_1、θ_1，在此基础上计算出各样本公司正常的雇员规模 $Y_1 = \alpha_1 + \beta_1 \times Asset + \omega_1 \times Capital + \theta_1 \times Growth$，最后得出 $Burden=Y-Y_1$。其中，Y 为雇员规模变量，等于雇员人数/年末资产总额×1,000,000；Asset 为年末资产总额的自然对数；Capital 等于固定资产/资产总额；Growth 为公司的营业收入增长率。

4. 调节变量

制度环境（Marketization）。本研究采用主流的制度环境测量方式，用王小鲁、樊纲、余静文的《中国分省份市场化指数报告（2016）》中提供的市场化指数测量国有传媒企业所在地区的制度环境。[3] 我们参考徐光伟等人[4]的做法，在该报告公布的 2008—2016 年的数据基础上采用一元线性回归预测求得 2017 年、2018 年、2019 年中国各省的市场化指数。市场化指数的取值范围从 0 到 10：数值越高，政府干预程度越小，市场化程度越高，制度环境越好。

冗余资源（Slack）。我们主要参照江诗松等人的研究，[5] 以运营现金储备作为代理变量（单位：万元）。

5. 控制变量

参考之前的研究，本研究的控制变量为员工人数（Size）、总资产增长率（Growth）、企业年龄（Age）、实际控制人、总经理或董事长的政治关联（Politic）、层级（Level）等。

---

[1] 薛云奎，白云霞. 国家所有权、冗余雇员与公司业绩[J]. 管理世界，2008(10)：96-105.
[2] 张敏，王成方，刘慧龙. 冗员负担与国有企业的高管激励[J]. 金融研究，2013(5)；薛云奎，白云霞. 国家所有权、冗余雇员与公司业绩[J]. 管理世界，2008(10)：96-105.
[3] 王小鲁，樊纲，余静文. 中国分省份市场化指数报告（2016）[M]. 北京：社会科学文献出版社，2017.
[4] 徐光伟，刘星. 制度环境对国有企业资本结构影响的实证研究[J]. 软科学，2010(5)：90-94.
[5] 江诗松，何文龙，路江涌. 创新作为一种政治战略：转型经济情境中的企业象征性创新[J]. 南开管理评论，2019(2)：104-113.

其中,员工人数、总资产增长率、企业年龄的数据直接从国泰安(CSMAR)数据库获取;而政治关联主要考察党委会成员在公司任职期间是否有政治背景,"是"取1,"否"取0;层级指上市子公司与其母公司之间的层级关系。同时,本研究还加入自然年份(Year)作为虚拟变量,以控制年份效应。

表5.1 主要变量说明

变量类型	变量	代码	变量含义及计算方式	数据来源
自变量	党组织治理的"双向进入"指标	Pardir	党委会成员与董事会成员重合人数/董事会规模	1
		Parsup	党委会成员与监事会成员重合人数/监事会规模	1
		Parman	党委会成员与高管层重合人数/高管层规模	1
		Party	党委会与董事会、监事会、经理层人员重合的总人数/董事会、监事会、经理层总人数	1
	党组织治理的"交叉任职"指标	Parchair	党委书记是否为董事长,"是"取1,"否"取0	1
		Vice	党委副书记是否为董事长、监事会主席或总经理,"是"取1,"否"取0	1
因变量	经济绩效	ROA	公司总资产收益率	2
中介变量	资源支持	Support	企业从政府无偿取得货币性资产和非货币性资产	2
	政治负担	Boarden	超出正常的雇员规模	4
调节变量	制度环境	Marketization	市场化指数	3
	冗余资源	Slack	运营现金储备的自然对数	2
控制变量	员工人数	Size	公司的员工总数	2
	总资产增长率	Growth	公司总资产增长率	2
	企业年龄	Age	样本所选取的年份与企业成立年份的差值	2
	政治关联	Politic	党委会成员在公司任职期间是否有政治背景,"是"取1,"否"取0	1
	层级	Level	母公司与子公司之间的层级关系	1
	年份	Year	样本所选取的年份	1

说明:1.企业年报;2.国泰安(CSMAR)数据库;3.网络检索;4.根据已有数据拟合计算。

三、分析工具与方法

由于本研究样本为面板数据，主要有固定效应、随机效应和混合效应三种检验方法。一般先通过 BP-LM 检验是选择随机效应还是混合效应，若结果显示应选择随机效应，则还需进一步使用 Hausman 检验是选择随机效应还是固定效应。本研究对样本数据进行 BP-LM 检验，结果显示，应采用面板数据混合回归模型，即最小二乘法（OLS）回归模型来验证党组织治理对国有传媒企业经济绩效的影响。

就中介效应的验证而言，目前，国内主要采用巴伦（Baron）和肯尼（Kenny）提出的逐步检验法，[1]以此进行中介效应检验，但该方法主要适用于大样本研究。考虑到本研究的样本量较小，我们采用 Bootstrap 中介检验法，[2]使用 SPSS 软件中的 PROCESS 插件来实现，在 95% 的置信区间条件下，对样本数据进行 5,000 次的重复抽样。

第四节 数据分析

一、党组织治理及经济绩效的描述性统计分析

表 5.2 显示了各公司主要变量的描述性统计分析结果。样本公司中，党委会与董事会（M = 0.228，SD = 0.171）、党委会和经理层的重合程度（M = 0.314，SD = 0.319）高于党委会与监事会的重合程度（M = 0.140，SD = 0.186）。结果还显示，部分国有传媒上市公司的监事会、经理层与党委会完全重合（Max = 1）。

---

[1] BARON R M, KENNY D A. The moderator-mediator variable distinction in social psychological research: conceptual, strategic, and statistical considerations[J]. Journal of personality and social psychology, 1987, 51(6), 1173-1182.

[2] PREACHER K J, HAYES A F. Asymptotic and resampling strategies for assessing and comparing indirect effects in multiple mediator models[J]. Behavior research methods, 2008, 40(3): 879-891.

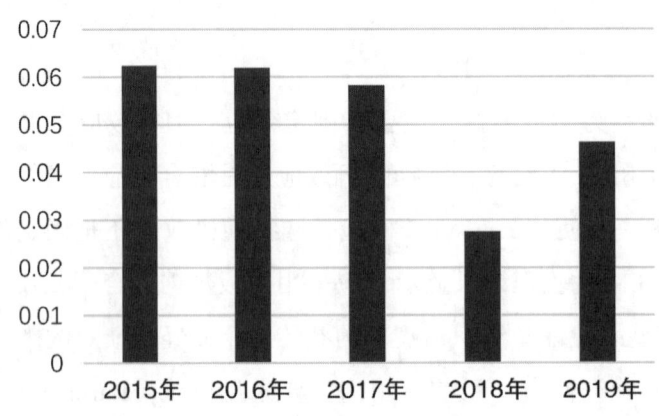

图 5.1 国有传媒上市公司经济绩效情况

经济绩效方面，图 5.1 显示，国有传媒上市公司经济绩效 5 年来呈现出一定的下降趋势，但下降的态势在 2019 年有所好转。

二、党组织治理对经济绩效的影响

为了消除量纲不同与异方差的影响，本研究取资源支持（Support）、政治负担（Burden）、企业规模（Size）、企业年龄（Age）、冗余资源（Slack）的自然对数值放入回归方程，并以 Ln 前缀命名。由于党组织治理对国有传媒上市公司绩效的影响具有一定滞后性，同时，为克服内生性影响，本研究将经济绩效（ROA）进行滞后一期处理。

表 5.3 中的模型 1-6 显示了国有传媒上市公司党组织参与公司治理对公司经济绩效的影响。结果显示，在"双向进入"方面，控制了相关变量之后，党委会与董事会重合程度越高就越能提高国有传媒上市公司的经济绩效（Model 1：$\beta = 0.066$，$p < 0.1$）；党委会与监事会重合程度对经济绩效在 0.1 显著水平上的国有传媒上市公司有影响（Model 2：$\beta = 0.065$，$p < 0.1$）；党委会与经理层人员重合度越高，国有传媒上市公司经济绩效越好（Model 3：$\beta = 0.051$，$p < 0.01$）；党组织治理程度越高，国有传媒上市公司经济绩效越好（Model 4：$\beta = 0.162$，$p < 0.01$）。总体说来，国有传媒上市公司党组织以"双向进入"的方式参与企业治理的程度越高，其对国有传媒上市公司经济绩效的影响越大。

表 5.2 主要变量的相关性和描述性统计分析

	1	2	3	4	5	6	7	8	9	10	11
1.ROA	1										
2.Pardir	0.154+	1									
3.Parsup	0.179*	0.271**	1								
4.Parman	0.162+	0.346**	0.268**	1							
5.Party	0.220**	0.622***	0.421***	0.799***	1						
6.Parchair	-0.051	0.379***	0.032	0.037	0.144	1					
7.Vice	0.102	0.088	-0.003	0.187*	0.215*	0.188*	1				
8.Marketization	0.163+	-0.045	0.133	-0.251**	-0.044	-0.071	-0.010	1			
9.Burden	0.251**	0.183*	0.009	-0.003	0.126	-0.056	-0.020	0.197*	1		
10.Support	0.100	0.226**	0.116	-0.089	0.047	0.199*	-0.109	0.056	0.475**	1	
11.Slack	0.292***	0.046	-0.119	-0.123	-0.078	0.040	0.159	0.087	0.443***	0.666***	1
	ROA	Pardir	Parsup	Parman	Party	Parchair	Vice	Marketization	Burden	Support	Slack
Mean	0.050	0.228	0.140	0.314	0.190	0.803	0.409	8.155	-0.189	4972.870	279000
SD	0.058	0.171	0.186	0.319	0.121	0.399	0.493	1.619	1.419	4900.630	295000
Min	-0.340	0	0	0	0.030	0	0	3.480	-3.66	91	28249
Max	0.180	0.670	1	1	0.520	1	1	10.500	7.950	26711	1333561

说明：+$p<0.1$，*$p<0.05$，**$p<0.01$，***$p<0.001$；括号内为标准误 S.E.。

相较而言，在"交叉任职"方面，国有传媒上市公司党组织以"交叉任职"的方式参与公司治理对公司的经济绩效没有显著性影响。

表5.3 党组织治理对国有传媒上市公司经济绩效影响的回归结果

因变量	ROA	ROA	ROA	ROA	ROA	ROA
模型	Model 1	Model 2	Model 3	Model 4	Model 5	Model 6
Pardir	0.066+ (0.035)					
Parsup		0.065+ (0.033)				
Parman			0.051** (0.019)			
Party				0.162** (0.049)		
Parchair					0.021 0.(016)	
Vice						0.017 0.013
LnSize	0.012 (0.008)	0.014+ (0.008)	0.014+ (0.008)	0.016* (0.007)	0.011 (0.008)	0.008 (0.008)
Growth	0.012 (0.014)	0.007 (0.014)	0.011 (0.014)	0.014 (0.014)	0.010 (0.015)	0.005 (0.132)
LnAge	−0.018 (0.013)	−0.020 (0.013)	−0.018 (0.013)	−0.018 (0.013)	−0.016 (0.014)	−0.020 (0.013)
Politic	−0.026* (0.012)	−0.018 (0.013)	−0.026* (0.012)	−0.024* (0.012)	−0.026* (0.012)	−0.028* (0.013)
Level	0.023* (0.009)	0.025** (0.010)	0.029** (0.010)	0.026** (0.009)	0.026** (0.010)	0.025* (0.010)
Year	Yes	Yes	Yes	Yes	Yes	Yes
常数	−0.015 (0.073)	−0.028 (0.076)	−0.034 (0.072)	−0.060 (0.072)	−0.015 (0.078)	0.030 (0.070)
调整R方	0.179	0.180	0.206	0.235	0.164	0.163

说明：+$p < 0.1$，*$p < 0.05$，**$p < 0.01$，***$p < 0.001$；括号内为标准误 S.E.。

三、资源支持与政治负担的中介作用分析

1. 资源支持的中介作用

表 5.4 和表 5.5 的数据显示，党委会与董事会重合程度对经济绩效的总效应（$\beta = 0.066$，$p < 0.1$）在控制中介变量后变得不显著（$\beta = 0.037$，$p > 0.1$），而资源支持的中介效应显著，估计中介作用大小为 0.029，估计区间不包含 0（LLCI = 0.007，ULCI = 0.067），表明资源支持具有中介作用，党委会与董事会"双向进入"能有效帮助国有传媒上市公司获得资源支持，从而使国有传媒上市公司经济绩效得到提升。

党委会与监事会重合程度对经济绩效的总效应（$\beta = 0.065$，$p < 0.1$）在控制中介变量后变得不显著（$\beta = 0.043$，$p > 0.1$），而资源支持的中介效应显著，估计中介作用大小为 0.023，估计区间不包含 0（LLCI = 0.006，ULCI = 0.052），表明资源支持具有中介作用，党委会与监事会"双向进入"能有效帮助国有传媒上市公司获得资源支持，从而使国有传媒上市公司经济绩效得到提升。

虽然党委会与经理层重合程度对经济绩效的总效应（$\beta = 0.051$，$p < 0.05$）在控制中介变量后仍显著（$\beta = 0.043$，$p < 0.05$），但资源支持的中介效应同样显著，估计中介作用大小为 0.009，估计区间不包含 0（LLCI = 0.000，ULCI = 0.022），表明资源支持具有中介作用，党委会与经理层"双向进入"能有效帮助国有传媒上市公司获得资源支持，从而使国有传媒上市公司经济绩效得到提升。

虽然党组织治理程度对经济绩效的总效应（$\beta = 0.162$，$p < 0.01$）在控制中介变量后仍显著（$\beta = 0.128$，$p < 0.05$），但资源支持的中介效应同样显著，估计中介作用大小为 0.072，估计区间不包含 0（LLCI = 0.002，ULCI = 0.079），表明资源支持具有中介作用，党组织参与公司治理能有效帮助国有传媒上市公司获得资源支持，从而使国有传媒上市公司经济绩效得到提升。

总之，"双向进入"的 4 个模型的中介效应都显著，表明党组织与国有传媒上市公司董事会、监事会、经理层的"双向进入"有助于公司获得更多的资源支持，进而使公司的经济绩效得到提升。

但是，当党组织以"交叉任职"方式进入国有传媒上市公司的治理结构时，对公司经济绩效的影响并不显著，并且"交叉任职"两个指标的间接效应估计区间包含 0，

资源支持并不具有中介效应。

2. 政治负担的中介作用

表5.4和表5.6报告了政治负担的中介效应结果。数据显示,"双向进入"和"交叉任职"两个维度的六个指标与国有传媒上市公司经济绩效的关系中,中介效应的估计区间都包含0,说明国有传媒上市公司的党组织治理并未为公司带来过多的政治负担。

表 5.4 资源支持和政治负担在党组织治理与经济绩效之间中介效应检验结果

自变量	中介变量	因变量	总效应	直接效应	间接效应	中介效应评估区间	
						LLCI	ULCI
Pardir	Support	ROA	0.066+	0.037	0.029	0.007	0.067
Parsup			0.065+	0.043	0.023	0.006	0.052
Parman			0.051**	0.043*	0.009	0.000	0.022
Party			0.162**	0.128*	0.072	0.002	0.079
Parchair			0.021	0.023	−0.001	−0.007	0.053
Vice			0.017	0.015	0.002	−0.006	0.009
自变量	中介变量	因变量	总效应	直接效应	间接效应	中介效应评估区间	
						LLCI	ULCI
Pardir	Burden	ROA	0.066+	0.055	0.011	−0.005	0.036
Parsup			0.065+	0.057	0.008	−.001	.026
Parman			0.051**	0.049*	0.002	−.002	.012
Party			0.162**	0.151*	0.011	−.006	.041
Parchair			0.021	0.020	0.001	−.004	.009
Vice			0.017	0.017	0.000	−.005	.007

说明：+$p < 0.1$，*$p < 0.05$，**$p < 0.01$，***$p < 0.001$。

四、制度环境与冗余资源的调节作用分析

为避免共线性问题,本研究将6个自变量Pardir、Parsup、Parman、Party、Parchair、Vice和调节变量Marketization、Slack进行中心化处理,将中心化后的自变量与调节变量进行交乘,最后采用PROCESS中的Model 1模型进行回归分析,以此来考察制度环境与冗余资源对党组织治理和国有传媒上市公司经济绩效之间关系的调节作用。

表 5.5 资源支持在党组织治理与经济效益之间中介作用的回归结果

因变量	Support	ROA	Support	ROA	Support	ROA	Support	ROA	Support	ROA	Support	ROA
模型	Model 1-a	Model 2-a	Model 3-a	Model 4-a	Model 5-a	Model 6-a	Model 7-a	Model 8-a	Model 9-a	Model 10-a	Model 11-a	Model 12-a
Pardir	1.258*** (0.346)	0.037 (0.036)										
Parsup			0.974** (0.341)	0.043 (0.034)								
Parman					0.371+ (0.205)	0.043* (0.019)						
Party							1.914** (0.504)	0.128* (0.052)				
Parchair									−0.051 (0.166)	0.023 (0.015)		
Vice											0.095 (0.227)	0.015 (0.013)
Support		0.023* (0.010)		0.023* (0.010)		−0.023* (0.009)		0.018† (0.010)		0.027** (0.009)		0.019* (0.006)
LnSize	0.126 (0.076)	0.009 (0.008)	0.155 (0.081)	0.011 (0.008)	0.115 (0.080)	0.011 (0.007)	0.154* (0.077)	0.013+ (0.008)	0.083 (0.081)	0.009 (0.007)	0.653** (0.007)	−0.004 (0.009)
Growth	0.016 (0.144)	0.011 (0.014)	−0.081 (0.146)	0.008 (0.014)	−0.043 (0.150)	0.012 (0.014)	0.014 (0.143)	0.014 (0.014)	−0.072 (0.153)	0.012 (0.014)	0.715** (0.219)	−0.008 (0.015)
LnAge	−0.452** (0.133)	−0.007 (0.014)	−0.506** (0.135)	−0.008 (0.014)	−0.509*** (0.139)	−0.006 (0.014)	−0.495*** (0.131)	−0.009 (0.013)	−0.557** (0.147)	−0.001 (0.014)	0.679** (0.203)	−0.007 (0.014)
Politic	−0.029 (0.122)	−0.025* (0.012)	0.090 (0.130)	−0.020 (0.012)	−0.021 (0.128)	−0.025* (0.012)	0.002 (0.122)	−0.024* (0.012)	−0.011 (0.131)	−0.026** (0.012)	−0.002 (0.190)	−0.028* (0.012)

续表

因变量	Support	ROA	Support	ROA	Support	ROA	Support	ROA	Support	ROA	Support	ROA
模型	Model 1-a	Model 2-a	Model 3-a	Model 4-a	Model 5-a	Model 6-a	Model 7-a	Model 8-a	Model 9-a	Model 10-a	Model 11-a	Model 12-a
Level	0.179+ (0.094)	0.019* (0.009)	0.206* (0.097)	0.021* (0.010)	0.211* (0.101)	0.024* (0.009)	0.203* (0.094)	0.022* (0.009)	0.165 (0.103)	0.021** (0.010)	0.026 (0.146)	0.025* (0.087)
Year	Yes	Yes	Yes	Yes	Yes	Yes	Yes	Yes	Yes	Yes	Yes	Yes
常数	-0.180 (0.732)	-0.011 (0.072)	-0.189 (0.773)	-0.024 (0.074)	0.222 (0.771)	-0.039 (0.071)	-0.378 (0.744)	-0.053 (0.072)	0.801 (0.819)	-0.037 (0.075)	4.465*** (1.059)	-0.056 (0.009)
调整 R 方	0.263	0.223	0.226	0.227	0.188	0.253	0.270	0.261	0.162	0.232	0.366	0.233

说明：+$p < 0.1$，*$p < 0.05$，**$p < 0.01$，***$p < 0.001$；括号内为标准误 S.E.。

表 5.6 政治负担在党组织治理与经济效益之间中介作用的回归结果

因变量	Burden	ROA	Burden	ROA	Burden	ROA	Burden	ROA	Burden	ROA	Burden	ROA
模型	Model 1-b	Model 2-b	Model 3-b	Model 4-b	Model 5-b	Model 6-b	Model 7-b	Model 8-b	Model 9-b	Model 10-b	Model 11-b	Model 12-b
Pardir	1.857 (0.767)	0.055 (0.036)										
Parsup			1.374+ (0.748)	0.057+ (0.034)								
Parman					0.330 (0.445)	0.049* (0.019)						
Party							2.213* (1.136)	0.151* (0.050)				

续表

因变量	Burden	ROA	Burden	ROA	Burden	ROA	Burden	ROA	Burden	ROA	Burden	ROA
模型	Model 1-b	Model 2-b	Model 3-b	Model 4-b	Model 5-b	Model 6-b	Model 7-b	Model 8-b	Model 9-b	Model 10-b	Model 11-b	Model 12-b
Parchair									0.165 (0.356)	0.020 (0.016)		
Vice											-0.016 (0.298)	0.017 (0.013)
Support		0.006 (0.005)		0.006 (0.005)		0.007 (0.004)		0.005 (0.004)		0.007 (0.004)		0.008+ (0.004)
LnSize	0.621*** (0.169)	0.008 (0.008)	0.660** (0.177)	0.010 (0.008)	0.588** (0.175)	0.010 (0.008)	0.641** (0.173)	0.012 (0.008)	0.573** (0.173)	0.007 (0.008)	0.564** (0.173)	0.004 (0.008)
Growth	-0.010 (0.320)	0.012 (0.014)	-0.151 (0.320)	0.007 (0.014)	-0.111 (0.326)	-0.011 (0.014)	-0.038 (0.323)	0.014 (0.014)	-0.114 (0.327)	0.011 (0.014)	-0.130 (0.327)	0.006 (0.014)
LnAge	0.171 (0.296)	-0.019 (0.013)	0.088 (0.296)	-0.021 (0.013)	0.067 (0.301)	-0.018 (0.013)	0.092 (0.295)	-0.019 (0.013)	0.083 (0.315)	-0.017 (0.014)	0.035 (0.303)	-0.020 (0.013)
Politic	0.496+ (0.271)	-0.029* (0.012)	0.665* (0.286)	0.022+ (0.013)	0.513+ (0.279)	-0.029* (0.012)	0.538* (0.274)	-0.026** (0.012)	0.509+ (0.280)	-0.030* (0.013)	0.522+ (0.283)	-0.032* (0.013)
Level	0.808*** (0.209)	0.019† (0.010)	0.846** (0.214)	0.020+ (0.010)	0.832*** (0.220)	0.023* (0.010)	0.833*** (0.212)	0.022* (0.009)	0.817** (0.220)	0.020+ (0.010)	0.794*** (0.219)	0.019+ (0.010)
Year	Yes	Yes	Yes	Yes	Yes	Yes	Yes	Yes	Yes	Yes	Yes	Yes
常数	-7.049*** (1.624)	0.026 (0.080)	-7.005** (1.695)	0.014 (0.082)	-6.181*** (1.674)	0.007+ (0.077)	-6.999*** (1.675)	-0.026 (0.079)	-6.116** (1.752)	0.029 (0.082)	-5.762*** (1.581)	0.073 (0.074)
调整 R 方	0.274	0.192	0.256	0.196	0.234	0.225	0.259	0.245	0.231	0.186	0.230	0.187

说明：+$p < 0.1$，*$p < 0.05$，**$p < 0.01$，***$p < 0.001$；括号内为标准误 S.E.。

1. 制度环境的调节作用

表 5.7 中，加入调节变量（Marketization）和自变量的交乘项，用以验证制度环境对国有传媒上市公司党组织治理与企业经济绩效之间关系的调节作用。

首先，所有的自变量除了 Parsup 变得不显著以外，其他的自变量结果与前文的主回归结果一致；其次，在模型 1-c 到 6-c 中，调节变量（Marketization）对经济绩效都有显著性影响，说明制度环境越好，国有传媒上市公司的经济绩效表现越好。最后，表 5.7 报告的结果还显示，国有传媒上市公司所在的地区制度环境越好，党委会与董事会重合程度对企业经济绩效的影响越小（Mode 1-c：$\beta = -0.042$，$p < 0.05$）；国有传媒上市公司所在的地区制度环境越好，党委会与管理层重合程度对企业经济绩效的影响越小（Model 3-c：$\beta = -0.026$，$p < 0.1$）；国有传媒上市公司所在的地区制度环境越好，党组织治理程度对企业经济绩效的影响越小（Model 4-c：$\beta = -0.089$，$p < 0.01$）。

2. 冗余资源的调节效应

表 5.8 中，加入调节变量（Slack）和自变量的交乘项，用以验证冗余资源对国有传媒上市公司党组织治理与企业经济绩效之间关系的调节作用。但结果显示，冗余资源并不具有调节作用，说明国有传媒上市公司党组织治理与经济绩效之间的关系并不受企业冗余资源的影响。

五、稳健性检验

本研究从以下三个方面分别对主回归和调节效应进行稳健性检验。第一，本研究增加了模型的调整聚类标准误差，回归结果与前述结果一致。第二，本研究采用替换因变量、增加控制变量的方法进行回归，结果也与前述结果一致。第三，稳健性检验还采用了替换因变量和使用当期数据进行回归的方法，结果与前述结果也保持一致。

表 5.7 制度环境在党组织治理与经济绩效之间调节作用的回归结果

因变量	ROA	ROA	ROA	ROA	ROA	ROA
模型	1-c	2-c	3-c	4-c	5-c	6-c
Pardir	0.404* (0.174)					

续表

因变量	ROA	ROA	ROA	ROA	ROA	ROA
模型	1-c	2-c	3-c	4-c	5-c	6-c
Parsup		0.058 (0.188)				
Parman			0.276* (0.113)			
Party				0.874** (0.263)		
Parchair					0.120 (0.071)	
Vice						−0.060 (0.076)
Marketization	0.020** (0.006)	0.009+ (0.005)	0.023*** (0.006)	0.027*** (0.007)	0.019* (0.008)	0.007 (0.005)
Pardir × Marketization	−0.042* (0.021)					
Parsup × Marketization		−0.000 (0.023)				
Parman × Marketization			−0.026+ (0.014)			
Party × Marketization				−0.089** (0.032)		
Parchair × Marketization					−0.013 (0.009)	
Vice × Marketization						0.009 (0.009)
LnSize	0.019* (0.008)	0.015 (0.008)	0.025** (0.008)	0.025** (0.007)	0.013 (0.007)	0.012 (0.008)
Growth	0.006 (0.014)	0.003 (0.014)	0.003 (0.013)	0.005 (0.013)	0.003 (0.014)	−0.001 (0.014)
LnAge	−0.024 (0.013)	−0.025 (0.013)	−0.028* (0.013)	−0.031* (0.012)	−0.024 (0.014)	−0.023 (0.014)
Politic	−0.024* (0.012)	−0.017 (0.012)	−0.028* (0.013)	−0.024* (0.011)	−0.022 (0.012)	−0.028* (0.013)
Level	0.014 (0.009)	0.020* (0.010)	0.018 (0.009)	0.014 (0.009)	0.016 (0.010)	0.022* (0.010)
Year	yes	yes	yes	yes	yes	yes

续表

因变量	ROA	ROA	ROA	ROA	ROA	ROA
模型	1-c	2-c	3-c	4-c	5-c	6-c
系数	−0.203* (0.100)	−0.075 (0.086)	−0.271* (0.103)	−0.300** (0.097)	−0.146 (0.099)	−0.032 (0.074)
调整 R 方	0.162	0.123	0.235	0.256	0.127	0.116

说明：+$p < 0.1$，*$p < 0.05$，**$p < 0.01$，***$p < 0.001$；括号内为标准误 S.E.。

表 5.8　冗余资源在党组织治理与经济绩效之间调节作用的回归结果

因变量	ROA	ROA	ROA	ROA	ROA	ROA
模型	1-d	2-d	3-d	4-d	5-d	6-d
Pardir	−0.668 (0.551)					
Parsup		0.968 (0.574)				
Parman			0.278 (0255)			
Party				0.434 (0.758)		
Parchair					−0.129 (0.193)	
Vice						−0.100 (0.161)
LnSlack	0.003 (0.011)	0.019* (0.008)	0.020* (0.009)	0.017 (0.012)	0.006 (0.014)	0.010 (0.010)
Pardir × LnSlack	0.060 (0.046)					
Parsu × LnSlack		−0.075 (0.047)				
Parman × LnSlack			−0.019 (0.021)			
Party × LnSlack				−0.024 (0.063)		
Parchair × LnSlack					0.012 (0.016)	
Vice × LnSlack						0.009 (0.013)

续表

因变量	ROA	ROA	ROA	ROA	ROA	ROA
模型	1-d	2-d	3-d	4-d	5-d	6-d
LnSize	-0.002 (0.010)	0.008 (0.009)	0.006 (0.009)	0.008 (0.009)	0.001 (0.009)	0.000 (0.009)
Growth	0.006 (0.015)	0.009 (0.015)	0.003 (0.014)	0.008 (0.014)	0.006 (0.015)	-0.002 (0.015)
LnAge	-0.010 (0.014)	-0.014 (0.013)	-0.006 (0.014)	-0.010 (0.013)	-0.005 (0.015)	-0.009 (0.014)
Politic	-0.022 (0.012)	-0.022 (0.013)	-0.025* (0.012)	-0.023 (0.012)	-0.023 (0.012)	-0.025* (0.012)
Level	0.017 (0.010)	0.021* (0.010)	0.024* (0.010)	0.021* (0.009)	0.019 (0.010)	0.018 (0.010)
Year	yes	yes	yes	yes	yes	yes
系数	0.051	-0.207	-0.226	-0.220	-0.030	-0.044
调整 R 方	0.121	0.132	0.146	0.164	0.100	0.095

说明：+$p < 0.1$，*$p < 0.05$，**$p < 0.01$，***$p < 0.001$；括号内为标准误 S.E.。

第五节　结论与讨论

尽管一些学者已经对政党与媒体关系、党组织治理与企业经济绩效之间关系进行研究，但较少涉及传媒企业党组织治理与企业经济绩效之间关系的研究。事实上，党组织作为政治核心与领导核心一直是传媒企业（组织）内部重要的治理机构。本研究以国有传媒上市公司为样本，首次从"双向进入、交叉任职"的党组织治理实践路径出发，讨论党组织对国有传媒企业经济绩效的影响，既为理解政党与媒体之间关系提供了来自微观传媒企业层面的细致线索，也为党组织治理研究提供了来自传媒领域的证据。

首先，党组织治理究竟是"扶持之手"还是"攫取之手"？对这一问题，业界一直存在争议。本研究结果显示，党委成员嵌入董事会、监事会、经理层能有效提高国有传媒企业经济绩效。党组织治理在国有传媒企业发展中主要呈现出"扶持之手"

的作用。结合董事会、经理层与监事会在公司治理中分别肩负着决策权、执行权与监督权,可以得知,党组织通过行使决策权、执行权和监督权来提高国有传媒企业的经济绩效。

但是,董事长、副董事长与党委书记、副书记的"交叉任职"并未对国有传媒企业经济绩效产生显著影响。其原因可能是,虽然在"党管干部"原则下,"交叉任职"被视为保证党组织政治核心与领导地位的重要机制,但是,由于"不相容职务未分离"以及职责边界不清而出现的诸如"自己监督自己"或"自己是自己的上下级"的问题,使得党组织治理并未发挥出应有的作用。正如一位国有传媒企业高管提及的,"因为党委会跟决策机构的人员都是重合的,无非是把原来的这个决策委员会改名为党委会。……核心管理团队都入党,我是党员身份,我领导这个编辑部那就成了党领导。我如果不是党员,其实对我们的工作也没有太大影响,对吧?无非是我个人身份发生了变化"[1]。对相当一部分国有传媒企业"一把手"或"二把手"而言,尽管兼任管理职务和党内职务,但其经营管理者的身份倾向更强。

其次,本研究进一步从资源支持与政治负担的视角切入,探索党组织治理对国有传媒企业经济绩效的作用机制。研究结果显示,党组织治理的确能为国有传媒企业带来更多拨款、税费优惠等资源,而这些资源的获得使传媒企业经济绩效得到提升。这些研究发现意味着党组织治理更多地作为一种资源支持而非政治负担进入国有传媒企业的运营范畴,而政治任务在更多时候成为国有传媒企业获取更多政治资源的借口与依据。一些政治经济学者曾指出,在中国,执政党领导下的国家与媒体可以联结成一个复合体(State-media complex)。这一复合体可以通过投入相关资源、利用市场激发媒体发展,同时,又通过媒体发展来推动消费文化,满足社会需要。在这一过程中,社会得以形成新的共识,"政党—国家"也巩固了自身统治。

最后,党组织治理对国有传媒企业经济绩效的影响存在明显异质化特征。这种异质化体现为,在不同制度环境中,党组织的作用不尽相同。本研究发现,在制度环境较差的地区,党组织参与企业治理对国有传媒企业经济绩效影响较大,而在制度环境较好的地区,党组织是否参与企业治理对国有传媒企业的经济绩效并没有太大影响,而制度环境的改善也会对党组织监督权的发挥产生替代效应。

本研究对国有传媒企业中党组织参与企业治理的现状、影响及作用机制进行了

---

[1] 访谈时间:2018年10月29日。

初步探索，但依然存在一些局限及可拓展空间。一是出于数据可得性的考虑，本研究的样本仅限于国有传媒上市企业，因此，数据来源较为单一，样本量规模也较为有限；二是本研究主要采用党委会和董事会、监事会、经理层的重合程度以及党委书记与董事长的兼任情况作为党组织参与治理的测量指标，而在实践中，党组织参与企业治理是多途径与多维度的，比如党组织的勤勉程度、党组织在重大决策中的干预力度等都可作为测量指标。[1] 但由于企业信息披露有限，本研究未能得到相关数据，也未能就这些议题展开研究。未来的研究可以使用问卷调查、案例研究、深度访谈等方法更加全面、深入地揭示党组织治理对国有传媒企业的影响机制。

---

[1] CHANG E C, WONG S M L. Political control and performance in China's listed firms[J]. Journal of comparative economics, 2004, 32(4): 617-636.

第六章

党组织治理与国有传媒企业社会效益的实证研究

第一节 问题的提出

20世纪70年代末以来,传媒体制市场化改革路径逐渐成形且日趋深入,传媒机构的经济属性与自主性不断增强,但一些学者对此呈现出了相当程度的警醒,指出"从20年前的泛政治化到今天的政治化加商业化,恰恰失落了公共利益目标"[1]。党和政府也不断强调要在传媒体制市场化改革不断深入推进的同时,坚持维护公共利益,承担社会责任,"把深化文化体制改革,推动经营性文化事业单位转企改制,简单地理解为产业化和市场化,显然是一种误解……即使发展文化产业,也要坚持内容为王,要坚持正确的导向,要注意承担社会责任,要坚守道德底线,要维护社会的团结和谐"[2],"在改革过程中,既要防止过分强调社会主义新闻传媒的特殊性而拒绝在体制机制层面对媒体进行市场化的改革探索,也要警惕片面强调传媒的市场化改革,使得特殊利益集团和私人资本影响和控制媒介,从而妨害和抑制传媒的公共性和社会公众自由表达的权利"[3]。

在既有的研究中,学者们将传媒体制改革的未来寄望于公共利益的导入,认为"新闻体制改革,最终将是政治派别利益、媒体产业利益与公众利益的博弈"[4],而"如何在政治利益、经济利益和公共利益这三点之间找到一个平衡点成为制度变迁的一个最重要的问题"[5]。因此,四十余年来传媒体制改革一直依赖的市场力量,以及构建公共性以推动传媒企业社会责任的履行成为部分政策制定者与研究者近年来着力探讨的话题。[6]

上述研究虽根植于独特的中国情境,研究了中国传媒体制改革的路径,并提出了未来改革的方向,但其将公共利益与社会责任作为市场化的对立面或纠偏机制,

---

[1] 夏倩芳. 公共利益界定与广播电视规制——以美国为例 [J]. 新闻与传播研究,2005(1): 54-61.
[2] 蒋彦鑫. 深化文化体制改革并非简单市场化 [EB/OL]. (2012-11-12)[2020-10-01]. http://www.bjnews.com.cn/feature/2012/11/12/233104.html.
[3] 杜大力. 中国出版体制改革的政治学分析 [J]. 新闻与传播研究,2011(4): 97-104.
[4] 夏倩芳. 公共利益界定与广播电视规制——以美国为例 [J]. 新闻与传播研究,2005(1): 54-61.
[5] 胡正荣,李继东. 我国媒介规制变迁的制度困境及其意识形态根源 [J]. 新闻大学,2005(1): 3-8.
[6] 张金海,李小曼. 传媒公共性与公共性传媒——兼论传媒结构的合理建构 [J]. 武汉大学学报(人文科学版),2007(6): 863-867.

而忽视了无论是市场化的改革取向，还是对公共利益与社会责任的强调都是在党和政府的推动下进行的，党在其中扮演的角色和发挥的作用被忽视了。

事实上，"党性原则""党的新闻事业""加强党的领导"经常与传媒体制改革的各种话语相伴而生，而且在传媒机构中，党委会一直是重要的领导机构与治理机构。2003年，新一轮文化体制改革提出"分类改革、转企改制"，传媒事业单位转型为国有传媒企业后，其在建设现代企业制度的过程中，"党的领导与法人治理结构"相结合成为其原则性框架。

另外，党性与人民性是相一致、相统一的。如何坚持"以人民为中心"，服务和满足最广大人民群众的思想、情怀和精神需求[1]既是"党性"与"人民性"的题中应有之意，也与前文提到的公共利益和社会责任内容异曲同工。

那么，在"党的领导与法人治理结构"相结合的原则要求下，党组织通过"双向进入、交叉任职"的方式进入国有传媒企业后，是否有效地发挥了促使国有传媒企业履行社会责任的功能？又是什么机制推动其履行的？特别是在中国地区差异明显，且处于转型经济发展阶段的现实语境下，党组织作用的发挥是否存在地区差异？这些都是值得我们进一步研究的议题。因此，本研究将使用2018—2020年课题组赴北京、上海、杭州、宁波、福州、厦门等地国有传媒企业，对共计32位经营管理者进行访谈所得的资料，以及国有传媒上市公司的二手数据，对党组织参与公司治理与国有传媒企业社会责任之间的关系展开实证研究，力图对以上问题进行有效解答。

第二节　文献综述与研究假设

一、传媒机构、社会责任与社会效益

在传媒领域中，承担社会责任与维护公共利益这一对概念一直备受关注。1947年

---

[1] 杨树弘. 坚持党性和人民性统一的五个着力点[EB/OL]. (2018-08-28)[2020-10-01]. http://media.people.com.cn/n1/2018/0828/c14677-30256076.html.

美国新闻自由委员会[1]报告即《一个自由而负责任的新闻界》中提出传媒的"社会责任论",1956年,西伯特(Siebert)、彼得森(Peterson)和施拉姆(Schramm)等人在《传媒的四种理论》(Four Theories of the Press)中将"社会责任论"与传媒体制关联起来,"社会责任"这一概念吸引了新闻传播领域实践者及研究者的目光。美国和英国的一些媒体,基于对技术与工业革命背景下出现的传媒垄断的批判及传媒垄断给自由且公开的观点市场带来危害的批判,并得益于专业主义精神的发展、西方国家工商业社会责任感的日益增强,在强调它们的机构身份与企业性质需要在经济上保持自立的同时,也日益倡导媒体的社会责任感和为公共利益服务意识。[2]而广播电视的兴起,使得"社会责任"这一概念在传媒业中越来越受到重视,为公共利益服务被视为广播电视机构的重要内容。以美国联邦通讯委员会(FCC)为代表的政府机构在推动传媒社会责任论与促进媒体社会责任履行中也扮演着重要角色,如FCC会以公共利益为标准,监督广播电视节目内容与分配广播电视频率。

但是,公共利益究竟包含哪些内容?这一问题的答案却是较为模糊的。正如莫斯可(Mosco)所言,公共利益"就像一把大伞,涵盖了各种各样的定义与立场"[3]。在传媒政策法规的相关研究中,公共利益往往被视为平衡广泛的、共同的、长远的利益与个体的、特殊的、短期的利益之间关系的产物。它涵盖"假定的、复杂的信息、文化和社会利益,它们对广泛的社会有利,它们超越那些传播者和接受者们个体的、短期的和特殊的利益"。而在不同的历史阶段,公共利益定义并不相同。在新自由主义思潮与市场化改革取向不断在世界范围内攻城略地的情境下,公共利益涵盖的内容也从20世纪80年代之前的强调社会责任、公共服务与利他主义,转向更多地强调消费主义与经济价值。

而在关于传媒产业与传媒企业的讨论中,"公共利益"往往作为"商业利益"的相对面被提出。[4]

在西方发达国家,传媒产业被认为是具有商业性、追求利润的产业。与其他

---

[1] 由于该委员会由时任芝加哥大学校长的哈钦斯组建而成,因此又名哈钦斯委员会。
[2] 西伯特,彼得森,施拉姆.传媒的四种理论[M].戴鑫,译.北京:中国人民大学出版社,2008:65-67.
[3] 莫斯可.传播政治经济学[M].胡正荣,等译.北京:华夏出版社,2000:164.
[4] CROTEAU D, HOVNES W. The business of media: corporate media and the public interest[M]. California: Sage Publications, 2005;郭栋梁.游走在公共利益和商业利益之间的影视传媒[J].电影艺术,2006(1):77-79;杭敏,皮卡特.西方传媒的公共利益与商业利益冲突及影响[J].新闻记者,2011(11).

商业性公司一样，传媒企业也发行股票，展开市场竞争，研发新产品，寻找扩张的机会，并进行各种常规性商业活动。但投资者、员工、读者和观众都在各种情形下以各种不同的方式承担传媒企业商业行为的后果，特别是传媒企业的活动也被认为具有极强的外部性。这使得评价传媒企业时，人们不仅要关注经营层面的内容，如传媒企业规模大小、收益高低，还要关注经营层面之外的内容，如传媒企业在民主社会中所扮演的角色与所应履行的义务。由此，学者们指出，在使用经济绩效衡量传媒企业是否成功的同时，还应将公共利益与社会责任纳入对传媒企业的评价体系。[1]

在我国，在传媒产业不断发展壮大与市场化改革不断推进的情境下，学者们也将公共利益与社会责任引入对我国传媒业研究的范畴，并更多地将公共利益视为与市场经济效益相对应且和社会效益等同的一个概念，并认为在任何社会制度与传媒体制之下，传媒业都应具有公共性，维护公共利益应成为其运作的最高原则。[2]

事实上，改革开放40多年间，从实施"事业单位，企业化管理"的双轨制到建设传媒市场体系，我国的传媒业一直都在寻求一种市场利益与公共利益的平衡状态。无论是继续深入推进市场化发展还是完善传媒公共服务体系，维护公共利益始终是其中的重要主题。而且，我国的新闻出版和意识形态管理机制一直都非常重视并不断强调媒体的社会效益，其实也就是与媒体单位商业利益相对的公共利益。[3] 特别是在文化体制改革中国家提出"分类改革"，并推动经营性文化机构改制为文化企业的背景下，2015年9月，中共中央办公厅、国务院办公厅出台的《关于推动国有文化企业把社会效益放在首位实现社会效益和经济效益相统一的指导意见》，对转企改制而成的国有传媒企业如何实现与提高社会效益提出了要求。因此，在考察国有传媒企业绩效时，不应忽视社会效益的实践情况。

---

[1] CROTEAU D, HOYNES W. The business of mdia: corporate media and the public interest[M]. California: SAGE Publications, 2005.

[2] 李良荣. 公共利益是中国传媒业立足之本[J]. 新闻记者，2007(8)：3-5.

[3] 邵志择. Public Interest：公共利益抑或公共兴趣——市场化媒体的两难选择[J]. 新闻大学，2012(1)：67-72.

二、党组织治理对社会效益的影响

当前,根据"党管媒体"原则以及《中华人民共和国宪法》《中华人民共和国公司法》《中国共产党章程》等文件的要求,党组织要在传媒企业中发挥领导作用,把方向、管大局、保落实,依照规定讨论和决定企业重大事项。党组织参与企业治理成为中国传媒企业治理最重要的特色,并主要通过党委会与董事会、监事会与管理层的"双向进入、交叉任职"来实现。

第一,《关于推动国有文化企业把社会效益放在首位实现社会效益和经济效益相统一的指导意见》(2015)中提出,"文化企业提供精神产品,传播思想信息,担负文化传承使命,必须始终坚持把社会效益放在首位,实现社会效益和经济效益相统一",这正是将经济发展与维护社会公平两大目标融入包括传媒企业在内的文化企业的体现。

第二,中国特色社会主义经济体制改革是在党的领导下进行的,对于国有传媒企业而言,党组织参与企业治理能加强国有传媒企业与其他层级特别是上级党组织的联系。

首先,这种联系使得党能更方便地将其执政目标贯穿于企业运营之中,使得国有传媒企业呈现出实现和提高社会效益的追求与动力。在访谈中,数位媒体负责人提出,虽然大部分媒体已经转型为企业,但其作为"党媒"的身份认知却保留了下来。这使得这些传媒企业工作者会更强调对社会负责:"我们还是有理想信念的,毕竟我们的身份仍然是党媒,所以,我们再怎么去挣钱,也不可能去做违反政策、违反道德底线或者损害到老百姓利益的事情。……我们真的是有理想、有情怀的一帮人,我们毕竟是党员。但是,外面那些自媒体,它们就完全不管,它们只考虑有没有流量,能不能挣到钱。"[1]

其次,对于"自主经营、自负盈亏"的国有传媒企业而言,它也能通过承担社会责任提升社会影响力。

最后,党组织也主要依据绩效来考核和选拔国有传媒企业管理者,[2]因此,传媒

---

[1] 访谈时间:2020年10月29日。
[2] 唐睿,刘红芹.从GDP锦标赛到二元竞争:中国地方政府行为变迁的逻辑——基于1998—2006年中国省级面板数据的实证研究[J].公共管理学报,2012(1):9-16.

企业管理者为了获得升迁也会更加积极地回应与落实党的政策方针，将社会效益的实现作为首要任务。

第三，党组织治理也使得国有传媒企业不得不承担部分政治任务，而这会在一定程度上挤占国有传媒企业可利用的资源。另外，也有一些学者认为，党政力量的介入也可能妨碍媒体的独立性，降低媒体产品的价值和品质。[1]

由此，党组织治理对国有传媒企业的社会效益可能会产生两种不同方向的影响，我们提出2个竞争性假设。

H1a：党组织治理程度越高，媒体的企业社会效益越好。

H1b：党组织治理程度越高，媒体的企业社会效益越差。

三、资源支持与政治负担的中介作用

党组织参与企业治理有助于加强企业与外部的政治关联。[2]通过进入企业治理环节，党组织作为一个中介将传媒企业与党政机构联结了起来。因此，国有传媒企业可以利用党组织的政治资源优势，更准确、全面地理解与掌握党及其领导下的政府的发展战略、政策措施，并获得资金支持，从而更好地为社会服务。特别是在当前媒体遭遇新媒体重大冲击，生存出现危机的背景下，不少媒体通过强调其"根正苗红"的党媒属性，为党政机关提供外包服务，从中获得收益，甚至部分媒体的收入中来自党和政府部门的收入达到50%以上。一位国有传媒企业新媒体部门负责人谈及党政部门外包服务时这样解释：

"因为××网是自收自支单位，我们目前的收入占比较大的就是代运营收入，代运营业务主要来自党政部门或国企。如果做这块业务时，你对党的理论、党的导向、党的政策不了解，你的代运营、审核怎么做？所以党的知识理论必须吃透，方向把握住，它们才能放心地把它们的微信、官微、官博、官抖交给你。你自己都吃不透，你自己都是在那种灰色地带或者边缘地带游走的话，谁敢把业务交给你？你要有这

---

[1] 张志安，吴涛.互联网与中国新闻业的重构——以结构、生产、公共性为维度的研究[J].现代传播（中国传媒大学学报），2016(1)：44-50.

[2] CHANG E C, Wong S M L. Political control and performance in China's listed firms[J]. Journal of comparative economic, 2004(32)：617-636.

种高度的政治立场跟政治责任。"[1]

由此，党组织治理可能为国有传媒企业带来更多的资源支持，从而有助于其提升社会效益。由此，我们提出研究假设。

H2：资源支持在党组织治理与国有传媒企业社会效益的关系中具有中介作用。

虽然一些实证研究结果证实了党组织治理对企业绩效具有积极影响，但也有研究指出，从党和政府手中获得的资源并不是免费的，需要为政党或政府承担政治或社会任务，因此，企业为了获得这些资源，有可能付出更多的成本，甚至这些成本会抵消掉这些资源所带来的优势。[2]

作为政治核心与领导核心嵌入国有传媒企业治理结构中的党组织，也进一步将党的政治目标内化于企业，使得国有传媒企业在运营时，面临更多的政治考量，承担更多的政治任务，如生产更多的宣传产品，提供更多的岗位等。而这些政治性负担难免影响其为社会服务的功能。

因此，党组织治理也可能为国有传媒企业带来额外的政治负担，从而阻碍其社会效益的提升。由此，我们提出研究假设。

H3：政治负担在党组织治理与国有传媒企业社会效益的关系中具有中介作用。

四、制度环境与冗余资源的调节作用

从 1978 年开始，中国经历了从计划经济向市场经济转轨的过程。在此期间，由于地区间资源禀赋、地理位置以及产业政策的不同，不同地区在政府干预程度、经济发展程度以及法制水平等方面呈现出较大差异。[3]而且，不同地区制度环境的差异，可能使党组织嵌入公司治理的行为与绩效也存在差别。

具体而言，在制度环境较好的地区，市场化改革更加深入，党和政府的干预越少，资源配置越公开透明，资源分配机制也由党政权力向市场化机制转移。在这些地区，传媒企业发展所需资源、管理者晋升评估主要依靠市场机制，传媒企业发展

---

[1] 访谈时间：2020 年 10 月 29 日。
[2] VISHNY S R W. The politics of market socialism[J]. Journal of economic perspectives，1994，8(2)：165-176；FACCIO M，MASULIS R W，MCCONNELL J J. Political connections and corporate bailouts[J]. Journal of finance，2006，61(6)：2597-2635.
[3] 王小鲁，樊纲，余静文. 中国分省份市场化指数报告（2016）[M]. 北京：社会科学文献出版社，2017.

更多地追求合理性、公平性和效率。因此，党组织对传媒企业行为影响较弱。

在制度环境较差的地区，市场化程度较低，党和政府的介入程度较高，党和政府在资源分配方面拥有更大权力，规则制定和法律执行的有效性不高。在这些地区，传媒企业运营面临着更严重的党政介入，也更有可能依赖党组织来获得其发展所需的政治资源，传媒企业的管理者也更容易通过人情往来、腐败、违规的方式而非好的业绩来获得晋升，往往不能通过积极经营回应市场和民众需求。

基于以上分析，我们认为，随着制度环境的改善，党组织治理对国有传媒企业社会效益的影响减弱。由此，我们进一步提出研究假设。

H4：在制度环境越好的地区，党组织治理对国有传媒企业社会效益的影响越弱。

依然从资源依赖理论出发。国有传媒企业要从党及其领导下的政府手中获得资源支持，必须完成一部分党的建设与发展目标。那么，当国有传媒企业自身拥有充足的冗余资源的时候，它们对党和政府的资源依赖会大为减少。反之，当国有传媒企业不具有足够多的冗余资源时，它们会更多地向党和政府寻求资源支持。由此，我们进一步提出假设。

H5：在冗余资源越丰富的国有传媒企业中，党组织治理对其社会效益的影响越弱。

第三节　研究设计

一、样本选择与数据来源

本研究主要关注由传媒事业单位转制而成的国有传媒企业中的党委会治理对国有传媒企业社会效益的影响。而且，由于媒体融合的深入推进，部分国有传媒企业已转型为以互联网产品与服务为主营业务的互联网企业，如人民网、新华网、浙数传媒等。因此，本研究的原始样本为2015—2019年沪、深两市A股中文化传媒和互联网产品与服务板块的国有上市公司。然后，我们根据以下标准对样本进行筛选：（1）剔除主营业务为软件开发与硬件生产的企业；（2）剔除当年交易状态为ST、*ST的上市公司；（3）剔除财务数据缺失的样本；（4）剔除企业党委会信息没有披露的样本。企业财务数据来自国泰安（CSMAR）数据库与Wind数据库。党委会、董事会、监事会和经理层人员数据是我们根据上市公司的年报,经手工计算获得。最终样本为 31 家上市公司的 137 个观测值。

二、变量定义和说明

1. 自变量

党组织治理。鉴于目前党组织参与国有传媒企业治理主要采取"双向进入、交叉任职"的方式,本研究采用马连福等人[1]的方法,用党委会成员与董事会成员重合人数除以董事会规模(Pardir),党委会成员与监事会成员重合人数除以监事会规模(Parsup),党委会成员和经理层重合人数除以高管层规模(Parman)以及党委会与董事会、监事会、经理层人员重合的总人数除以董事会、监事会、经理层总人数(Party)四个指标作为党组织通过"双向进入"参与企业治理的程度的测量指标;以党委书记是否为董事长(Parchair)以及党委副书记是否为董事长、监事会主席或者总经理(Vice)两个指标作为党组织通过"交叉任职"参与企业治理的程度的测量指标。

2. 因变量

社会效益(CSR)。在既有研究中,相较于经济绩效可以采用定量指标进行测量,测量标准较为成熟且易操作,社会效益评价往往采用定性指标,但这种方式主观性较强。

目前,国内既有研究主要以企业的社会责任作为社会效益测量的代理变量,但是如何界定社会责任,在过去几十年中一直处于争论之中。[2]李国平和韦晓茜从内涵、

---

[1] 马连福,王元芳,沈小秀.中国国有企业党组织治理效应研究——基于"内部人控制"的视角[J].中国工业经济,2012(8):4-97.
[2] CARROLL A B. A three-dimensional conceptual model of corporate performance[J]. The academy of management review, 1979, 4(4): 479-505; CARROLL A B. Corporate social responsibility evolution of a definitional construct[J]. Business & society, 1999, 38(3): 268-295; JONES T M. Corporate social responsibility revisited, redefined[J]. California management review, 1980(3); SCHWARTZ M S, CARROLL A B. Integrating and unifying competing and complementary frameworks[J]. Business & society, 2008(2); WARTICK S L, COCHRAN P L. The evolution of the corporate social performance model[J]. The academy of management review, 1985(4); WINDSOR D. The future of corporate social responsibility[J].The international journal of organizational analysis, 2001(3); WOOD D J. Corporate social performance revisited[J]. The academy of management review, 1991, 16(4): 691-718.

理论分歧、衡量方法和经济后果四个方面对社会责任议题进行综述，对学术界关于企业社会责任的测量方法进行归纳，主要归纳为声誉指数法、内容分析法、问卷调查法。[1]

具体而言，声誉指数法的做法是，业内资深人士从一个或者多个维度对目标公司的各类相关措施和社会表现进行主观评价，然后对目标公司的评分进行综合排序，给定分数。其中，《财富》杂志的声誉指标得到较为广泛的使用。该方法的优点在于，能最大程度地保证评价主体和评价标准的一致性，[2]并可以呈现出某一关键评价主体对不同企业社会责任履行情况的感知。[3]但是，声誉指数法也存在一定的局限性。由于评价对象涉及各行各业不同企业，该方法对评价者的行业专业知识和素质要求较高，而且由于采用的是主观评价，企业样本规模受限。

内容分析法的做法是，通过收集企业年报或者其他公开的各类文件资料，对其中披露的企业社会责任信息进行归类整理，进而整理企业社会责任绩效的评价标准，确定该企业社会责任在各个项目上的具体数值。该方法的好处就在于，一旦确定了标准，测量的结果不受研究主体的主观影响，操作的程序会较为客观和简单。特别是这种方法可以保证数据的可获得性、公开性、有效性、可检验性和客观性，测量结果相对稳定，可以开展大样本的评估。但是，这种方法也存在一些问题。首先，若企业不公开资料，就无法对其社会责任进行评分；其次，企业年报或其他公开的资料的真实性与全面性备受质疑，这也使得这种方法的信度和效度存在问题。[4]

问卷调查法是奥普乐（Aupperle）、卡罗尔（Carroll）与哈特菲尔德（Hatfield）在20世纪80年代就开始使用的方法。[5]他们以卡罗尔（Carroll）在1979年提出的

---

[1] 李国平，韦晓茜. 企业社会责任内涵、度量与经济后果——基于国外企业社会责任理论的研究综述 [J]. 会计研究，2014(8)：33-40.

[2] 徐怀伏，张梦婕. 企业社会责任衡量方法综述 [J]. 现代商贸工业，2013(8)：18-19.

[3] 郑海东. 企业社会责任行为表现：测量维度、影响因素及对企业绩效的影响 [D]. 杭州：浙江大学，2007.

[4] 郑海东. 企业社会责任行为表现：测量维度、影响因素及对企业绩效的影响 [D]. 杭州：浙江大学，2007；徐怀伏，张梦婕. 企业社会责任衡量方法综述 [J]. 现代商贸工业，2013(8)：18-19.

[5] AUPPERLE K E, CARROLL A B, HATFIELD J D. An empirical examination of the relationship between corporate social responsibility and profitability[J]. The academy of management journal, 1985, 28(2).

企业社会责任四个方面的内容为基础，编制出企业社会责任导向量表，并用该量表对公众进行问卷调查。[1]这种方法的关键在于，将社会责任的各个维度指标进行可操作化测量，对每个维度设计一系列的测量题项，然后采用问卷调查来获得答题者对企业社会责任在各个维度的评价，最后根据得分来评价企业社会责任履行情况。但是，这种方法有可能实际测量的是答题者对企业社会责任的看法或态度，而不是真正的企业社会责任行为。

此外，郑海东还提到基于专业数据库的社会责任测量方法。这种方法是，使用企业社会责任行为专业评估机构建立的数据库进行研究。目前，世界范围内有十几家企业社会责任评价机构向机构投资者、个人投资者、消费者、政府等提供企业社会责任的专业评估报告，部分机构还会发布专门的评估指数。其中，KLD指数较为知名，也是目前西方国家使用最广泛的企业社会责任评价工具。该指数包括列入标准普尔指数与多米尼社会指数的650家公司，从环境、社区关系、雇佣关系、机会平等以及消费者关系五个方面对企业社会责任进行评价，评分尺度是从-2（非常担忧）到0（中性）到+2（非常出色）。该方法最大的优势是，其吸纳了社会各阶层人士作为评价组成员，他们独立于企业的第三方，这使得评价结果较为公正和客观。而且，研究对象涉及多个行业多家企业，可有效增加企业样本量。不过，由于KLD指标的使用需要依赖专业数据库，但是建设这种数据库的工作量较大，工期较长，对资金投入的要求也较高。

具体到我国，研究者往往根据自己研究的行业和议题在以上方法中选择，对企业社会责任进行测量。早期的研究较多采用内容分析法和问卷调查法，如李正就采用内容分析法对企业社会责任进行评价。他基于国外和国内对企业社会责任内容的界定，结合我国具体国情和《上市公司治理准则》相关内容，将6大类共15小类活动纳入企业社会责任测量范围；如果上市公司年度报告中披露了上述15小类活动中的某一项，则记1分，如披露对应金额，则再记1分，最高分为30分，最低分为0分。[2]

---

[1] CARROLL A B. A three-dimensional conceptual model of corporate performance[J]. The academy of management review, 1979, 4(4): 479-505.

[2] 李正. 企业社会责任与企业价值的相关性研究——来自沪市上市公司的经验证据[J]. 中国工业经济, 2006(2): 77-83; 李正, 向锐. 中国企业社会责任信息披露的内容界定、计量方法和现状研究[J]. 会计研究, 2007(7): 3-11, 95.

田虹、李姝与谢晓嫣也采用同样的方法对企业社会责任进行了测量。[1]石军伟等人在采用问卷调查法测量企业社会责任时，开发了一个"7点李克特量表"，来对社会责任进行测量。他们要求受访企业家回答环境保护、慈善捐赠、遵循社会规范与伦理传统、高质量的产品或服务、善待员工、股东或重要利益相关方利益、社会责任活动与公司绩效等方面的问题，其中"强烈反对"记为1，"强烈赞同"记为7。但这些测量方式也常被认为存在主观性的问题。[2]

与此同时，随着第三方评价的逐渐成熟，学者们越来越多地采用第三方评价提供的社会责任数据。尹开国、刘小芹与陈华东采用第三方评级机构RLCCW（Running & Loving Consulting for Common Welfare）发布的A股上市公司社会责任报告评级结果作为企业社会责任的代理变量。[3]权小锋、吴世农和尹洪英选取润灵环球（RKS）对上市公司社会责任报告的评分结果。该评分采用指数法对企业社会责任报告中反映的企业社会责任履行以及披露情况进行测量。[4]孙芝慧、王建玲与焦然等学者则采用和讯网社会责任报告中的数据来评估企业社会责任。[5]

基于对数据的客观性和可得性考量，本文采用目前最常用的和讯网社会责任报告中的社会责任评分来测量国有传媒企业的社会效益。和讯网根据GRI3.0报告编制国际指南和Sustainability报告评价指南，并采集沪、深证券交易市场上所有企业发布的社会责任报告及年报数据，对股东责任、员工责任、供应商、客户和消费者权益责任、环境责任和社会责任五项内容进行考察，提供的数据较为准确、真实。[6]社

---

[1] 田虹.企业社会责任与企业绩效的相关性——基于中国通信行业的经验数据 [J].经济管理，2009(1)：72-79；李姝，谢晓嫣.民营企业的社会责任、政治关联与债务融资——来自中国资本市场的经验证据 [J].南开管理评论，2014(6)：30-40，95.

[2] 石军伟，胡立君，付海艳.企业社会责任、社会资本与组织竞争优势：一个战略互动视角——基于中国转型期经验的实证研究 [J].中国工业经济，2009(11)：87-98.

[3] 尹开国，刘小芹，陈华东.基于内生性的企业社会责任与财务绩效关系研究——来自中国上市公司的经验证据 [J] 中国软科学，2014(6)：98-108.

[4] 权小锋，吴世农，尹洪英.企业社会责任与股价崩盘风险："价值利器"或"自利工具"？ [J].经济研究，2015(11)：49-64.

[5] 王建玲，李玥婷，吴璇.社会责任的信号作用——基于中国市场的研究 [J].中国管理科学，2018(8)：31-41；孙芝慧.Csr信息披露对企业融资约束的非单调作用机制——基于和讯网企业社会责任评级数据的分析 [J].绿色财会，2016(4)：16-23；焦然，温素彬，张金泉.研发影响绩效的门槛现象与企业社会责任的缓解作用研究 [J].中国软科学，2020(3)：110-121.

[6] 焦然，温素彬，张金泉.研发影响绩效的门槛现象与企业社会责任的缓解作用研究 [J].中国软科学，2020(3)：12.

会责任评分越高，企业社会效益越好。

3. 中介变量

资源支持（Support）。本研究参考薛云奎和白云霞的做法，以政府补助作为代理变量。政府补助来自上市公司年度财务报表附注中的"营业外收入—政府补助"项目，通过手工计算获得。"营业外收入—政府补助"包括政府部门和党务部门的技改拨款、研发补助、税收返还、各种扶持项目资金等。

政治负担（Burden）。既有研究主要采用可观测的超额人员雇佣作为政治负担的代理变量。本研究认为，对国有传媒企业而言，额外的政治负担也会带来超额人员雇佣，因此，本研究也采用这一方法。参照张敏、薛云奎和白云霞的计算方法，[1] 我们首先用全样本对模型 $Y=\alpha+\beta\times Asset+\omega\times Capital+\theta\times Growth+\varepsilon$ 进行回归，计算出各个变量的系数 α_1、β_1、ω_1、θ_1，在此基础上计算出各样本公司正常的雇员规模 $Y_1 = \alpha_1 + \beta_1 \times Asset + \omega_1 \times Capital + \theta_1 \times Growth$，最后得出 $Burden=Y-Y1$。其中 Y 为雇员规模变量，等于雇员人数 / 年末资产总额 ×1,000,000；Asset 为年末资产总额的自然对数；Capital 等于固定资产 / 资产总额；Growth 为公司的营业收入增长率。

4. 调节变量

制度环境（Marketization）。本研究采用主流的制度环境测量方法，用王小鲁、樊纲、余静文的《中国分省份市场化指数报告（2016）》提供的市场化指数测量国有传媒企业所在地区的制度环境。[2] 市场化指数是官方提供的最全面的测量中国不同地区制度环境的评价指数，并且在以前的研究中已被广泛使用。[3] 我们参考徐光伟等人的做法，[4] 在该报告公布的 2008—2016 年的数据基础上采用一元线性回归预测求得 2017 年、2018 年、2019 年中国各省的市场化指数。市场化指数的取值范围从 0 到 10：数值越高，政府干预程度越小，市场化程度越高，制度环境越好。

---

[1] 张敏，王成方，刘慧龙. 冗员负担与国有企业的高管激励 [J]. 金融研究，2013(5)；薛云奎，白云霞. 国家所有权、冗余雇员与公司业绩 [J]. 管理世界，2008(10)：96-105.

[2] 王小鲁，樊纲，余静文. 中国分省份市场化指数报告（2016）[M]. 北京：社会科学文献出版社，2017.

[3] PARK B I, XIAO S S. What drives outward fdi from emerging economies？ The interplay between exploration orientation and home country institutional changes[J]. Canadian journal of administrative sciences / revue canadienne des sciences de l'administration，2017，34(4)：387-400.

[4] 徐光伟，刘星. 制度环境对国有企业资本结构影响的实证研究 [J]. 软科学，2010(5)：90-94.

冗余资源（Slack）。我们主要参照江诗松等人[1]的做法，以运营现金储备作为代理变量（单位：万元）。

5. 控制变量

参考之前的研究，本研究的控制变量为员工人数（Size）、总资产增长率（Growth）、企业年龄（Age）、实际控制人、总经理或董事长的政治关联（Politic）、层级（Level）等。其中，员工人数、总资产增长率、企业年龄的数据直接从国泰安（CSMAR）数据库获取；而政治关联主要考察党委会成员在公司任职期间是否有政治背景，"是"取1，"否"取0；层级指上市子公司与其母公司之间的层级关系。同时，本研究还加入自然年份（Year）作为虚拟变量，以控制年份效应。

表6.1 主要变量说明

变量类型	变量	代码	变量含义及计算方式	数据来源
自变量	党组织治理的"双向进入"指标	Pardir	党委会成员与董事会成员重合人数/董事会规模	1
自变量	党组织治理的"双向进入"指标	Parsup	党委会成员与监事会成员重合人数/监事会规模	1
		Parman	党委会成员与经理层重合人数/高管层规模	1
		Party	党委会与董事会、监事会、经理层人员重合的总人数/董事会、监事会、经理层总人数	1
	党组织治理的"交叉任职"指标	Parchair	党委书记是否为董事长，"是"取1，"否"取0	1
		Vice	党委副书记是否为董事长、监事会主席或总经理，"是"取1，"否"取0	1
因变量	社会效益	CSR	企业的社会责任评分	3
中介变量	资源支持	Support	企业从政府无偿取得货币性资产和非货币性资产	2
中介变量	政治负担	Burden	超出正常的雇员规模	5

---

[1] 江诗松,何文龙,路江涌.创新作为一种政治战略：转型经济情境中的企业象征性创新[J].南开管理评论,2019(2)：104-113.

续表

变量类型	变量	代码	变量含义及计算方式	数据来源
调节变量	制度环境	Marketization	市场化指数	4
	冗余资源	Slack	运营现金储备（万元）	2
控制变量	员工人数	Size	公司的员工总数	2
	总资产增长率	Growth	公司总资产增长率	2
	企业年龄	Age	样本所选取的年份与企业成立年份的差值	2
	政治关联	Politic	党委会成员任职期间是否有政治背景，"是"取1，"否"取0	1
	层级	Level	母公司与子公司之间的层级关系	1
	年份	Year	样本所选取的年份	1

说明：1.企业年报；2.国泰安（CSMAR）数据库；3.和讯网；4.网络检索；5.根据已有数据拟合计算。

三、分析工具与方法

由于本研究样本为面板数据，主要有固定效应、随机效应和混合效应三种检验方法。我们对本研究样本数据进行 BP-LM 检验，结果显示，样本数据不存在个体与时间因素，应采用面板数据混合回归模型，即最小二乘法（OLS）回归模型来验证党组织治理对国有传媒企业社会效益的影响。

就中介效应的验证而言，目前，国内主要采用巴伦（Baron）和肯尼（Kenny）提出的逐步检验法，[1] 以此进行中介效应检验，但该方法主要适用于大样本研究。考虑到本研究的样本量较小，我们采用 Bootstrap 中介检验法，[2] 使用 SPSS 软件中的 PROCESS 插件来实现，在 95% 的置信区间条件下，对样本数据进行 5,000 次的

---

[1] BARON R M, KENNY D A. The moderator-mediator variable distinction in social psychological research: conceptual, strategic, and statistical considerations[J]. Journal of personality and social psychology, 1987, 51(6), 1173-1182.
[2] PREACHER K J, HAYES A F. Asymptotic and resampling strategies for assessing and comparing indirect effects in multiple mediator models[J]. Behavior research methods, 2008, 40(3): 879-891.

重复抽样。

第四节 数据分析

一、国有传媒上市公司企业社会效益的基本情况

从图 6.1 可以看到，国有传媒上市公司社会效益履行情况较为平稳，除了 2016 年有较为亮眼的表现外，其他年份社会效益基本持平。表 6.2 显示了主要变量之间的相关关系，由于 Party 与 Parsup、Parman 之间相关系数均超过 0.5，为避免共线性问题，本研究将 Pardir、Parsup、Parman 和 Party 分开放入回归方程。主要变量之间的方差膨胀因子（VIF）的数值小于 2，表明变量之间没有严重的多重共线性问题。

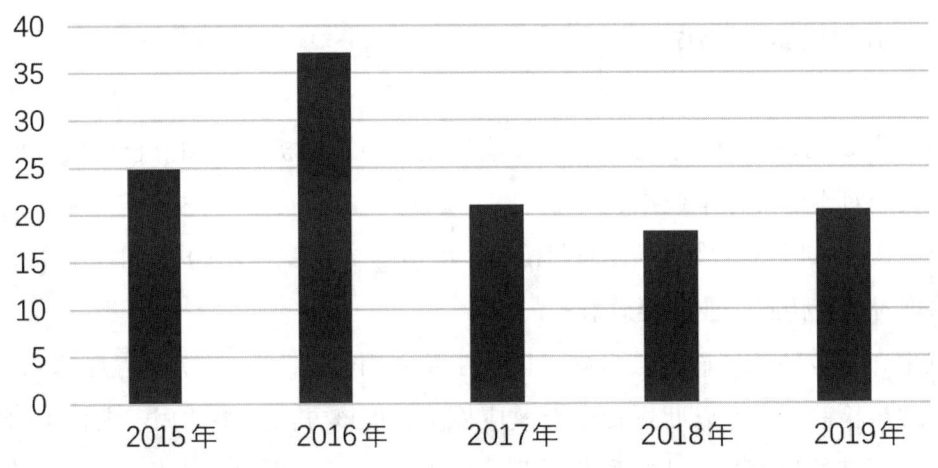

图 6.1 国有传媒上市公司社会效益情况

表 6.2 主要变量的相关性和描述性统计分析

	1	2	3	4	5	6	7	8	9	10	11
1.CSR	1										
2.Pardir	0.025	1									
3.Parsup	0.021	0.271**	1								
4.Parman	-0.106	0.346**	0.268**	1							
5.Party	-0.094	0.622***	0.421***	0.799***	1						
6.Parchair	-0.119	0.379***	0.032	0.037	0.144	1					
7.Vice	-0.048	0.088	-0.003	0.187*	0.215*	0.188*	1				
8.Marketization	0.124	-0.045	0.133	-0.251**	-0.044	-0.071	-0.010	1			
9.Burden	0.255**	0.183*	0.009	-0.003	0.126	-0.056	-0.020	0.197*	1		
10.Support	0.040	0.226**	0.116	-0.089	0.047	0.199*	-0.109	0.056	0.475**	1	
11.Slack	0.256**	0.046	-0.119	-0.123	-0.078	0.040	0.159	0.087	0.443***	0.666***	1
	CSR	Pardir	Parsup	Parman	Party	Parchair	Vice	Marketization	Support	Burden	Slack
Mean	23.931	0.228	0.14	0.314	0.190	0.803	0.409	8.155	-0.189	4972.870	279000
SD	14.070	0.171	0.186	0.319	0.121	0.399	0.493	1.619	1.419	4900.630	295000
Min	-4.510	0	0	0	0.030	0	0	3.480	-3.660	91	28249
Median	21.900	0.220	0	0.200	0.160	1	0	7.620	-0.101	3498	144277
Max	73.900	0.670	1	1	0.520	1	1	10.500	7.950	26711	1333561

说明：+$p<0.1$，*$p<0.05$，**$p<0.01$，***$p<0.001$；括号内为标准误 S.E.。

二、党组织治理对社会效益的影响

为了消除量纲不同与异方差的影响，本研究取资源支持（Support）、政治负担（Burden）、企业规模（Size）、企业年龄（Age）、冗余资源（Slack）的自然对数值，并以 Ln 前缀命名。由于党组织治理对国有传媒上市公司社会效益的影响具有一定滞后性，同时为了克服内生性影响，本研究将社会效益（CSR）进行滞后一期处理。

表 6.3 中的模型 1-6 报告了国有传媒上市公司党组织治理对公司社会效益的影响。结果显示，在控制了相关变量之后，除了模型 2 中的 Parsup 在 0.1 水平显著以外，其他自变量都不显著，说明国有传媒上市公司党组织治理对公司社会效益的影响不大，但是党委会与监事会重合程度越高（$\beta = 11.109, p < 0.1$），国有传媒上市公司社会效益越好。

三、资源支持与政治负担的中介效应分析

由于党组织的"双向进入"与"交叉任职"的指标除了与监管层的重合比例在 0.1 水平上显著，其他指标主效应都不显著，中介效应不成立。当我们进一步对资源支持和政治负担在党组织与监管层与社会绩效之间的中介效应进行分析时，结果显示间接效应的估计区间包括 0，中介效应也不成立。为此可以发现，国有传媒上市公司的党组织既不通过获取资源支持，也不通过承担过多的政治负担来实现企业的社会效益。

四、制度环境与冗余资源的调节作用分析

为了避免出现多重共线性问题，本研究将六个解释变量 Pardir、Parup、Parman、Party、Parchair、Vice 和调节变量 Marketization、Slack 进行中心化处理，而后让中心化后的解释变量分别与调节变量交乘，最后采用 PROCESS 中的 Model 1 模型进行回归分析，以此来考察制度环境对党组织治理和企业社会效益之间关系的调节作用。

1. 制度环境的调节作用

表 6.6 显示了制度环境对国有传媒上市公司党组织治理与企业社会效益之间关系的调节作用。结果显示，调节作用并不显著。

2. 冗余资源的调节作用

表 6.7 显示了冗余资源对国有传媒上市公司党组织治理与企业社会效益之间关系

的调节作用。结果显示：首先，自变量 Parsup 和 Party 都在 0.1 水平上显著；其次，除了模型 5-d 中的 Slack 不显著，多数模型的 Slack 都显著，说明国有传媒上市公司的冗余资源越多，其社会效益越好；最后，Parsup 和 Party 与冗余资源的交乘项都在 0.1 水平上显著，说明国有传媒上市公司的冗余资源越多，党委会与监事会重合程度对企业社会效益的影响越小（Model 2-d：$\beta = -15.937$，$p < 0.1$）；国有传媒上市公司的冗余资源越多，党组织治理对企业社会效益的影响越小（Model 4-d：$\beta = -21.303$，$p < 0.1$）。

表 6.3 党组织参与公司治理对社会绩效影响的回归结果

因变量	CSR	CSR	CSR	CSR	CSR	CSR
模型	1	2	3	4	5	6
Pardir	4.239 (6.811)					
Parsup		11.109+ (6.488)				
Parman			−0.011 (3.858)			
Party				0.359 (10.008)		
Parchair					−0.935 (3.080)	
Vice						1.488 (2.577)
LnSize	1.336 (1.497)	1.987 (1.533)	1.200 (1.515)	1.214 (1.527)	1.143 (1.496)	1.084 (1.496)
Growth	7.712** (2.845)	7.279* (2.774)	7.431** (2.826)	7.447* (2.847)	7.326* (2.834)	7.259* (2.825)
LnAge	−0.583 (2.660)	−0.467 (2.594)	−0.885 (2.643)	−0.876 (2.631)	−1.147 (2.760)	−0.634 (2.652)
Politic	−2.358 (2.410)	−1.124 (2.475)	−2.304 (2.415)	−2.301 (2.415)	−2.247 (2.420)	−2.548 (2.446)
Level	2.636 (1.860)	3.012 (1.851)	2.607 (1.911)	2.614 (1.871)	2.491 (1.902)	2.791 (1.887)
Year	yes	yes	yes	yes	yes	yes
常数	24.657 (15.137)	17.529 (15.244)	28.029 (15.030)	27.799 (15.394)	30.140 (15.800)	27.635 (14.162)
调整 R 方	0.297	0.315	0.294	0.294	0.295	0.296

说明：+$p < 0.1$，*$p < 0.05$，**$p < 0.01$，***$p < 0.001$；括号内为标准误 S.E.。

表 6.4 资源支持在党组织治理与社会效益之间中介作用的回归结果

因变量	Support	CSR	Support	CSR	Support	CSR	Support	CSR	Support	CSR	Support	CSR
模型	1-a	2-a	3-a	4-a	5-a	6-a	7-a	8-a	9-a	10-a	11-a	12-a
Pardir	1.740*** (0.499)	-1.314 (7.081)										
Parsup			1.662*** (0.482)	6.758 (6.784)								
Parman					0.587* (0.293)	-1.923 (3.843)						
Party							1.978*** (0.750)	-6.172 (10.110)				
Parchair									0.277 (0.237)	-1.899 (3.023)		
Vice											0.095 (0.200)	1.164 (2.518)
Support		3.115* (1.364)		2.582+ (1.355)		3.161* (1.31)		3.241* (1.328)		3.126* (1.292)		3.001+ (1.285)
LnSize	0.715*** (0.110)	-0.870 (1.761)	0.778*** (0.114)	0.001 (1.844)	0.706*** (0.115)	-1.009 (1.744)	0.730*** (0.114)	-1.130 (1.777)	0.677*** (0.115)	-0.953 (1.702)	0.653*** (0.116)	-0.845 (1.687)
Growth	0.840*** (0.208)	5.091+ (3.009)	0.703*** (0.206)	5.469+ (2.897)	0.764*** (0.215)	5.020+ (2.932)	0.810*** (0.213)	4.824 (2.976)	0.756*** (0.218)	4.961 (2.930)	0.715** (0.219)	5.123+ (2.910)
LnAge	-0.569*** (0.193)	0.938 (2.691)	-0.634*** (0.191)	0.911 (2.671)	-0.643*** (0.199)	0.894 (2.686)	-0.646** (0.195)	0.968 (2.679)	-0.618** (0.210)	0.516 (2.777)	-0.680** (0.203)	1.141 (2.705)
Politic	-0.008 (0.177)	-2.359 (2.359)	0.190 (0.184)	-1.649 (2.456)	0.002 (0.184)	-2.338 (2.356)	0.030 (0.181)	-2.429 (2.356)	-0.004 (0.187)	-2.261 (2.360)	-0.003 (0.190)	-2.564 (2.392)

续表

因变量	Support	CSR	Support	CSR	Support	CSR	Support	CSR	Support	CSR	Support	CSR
模型	1-a	2-a	3-a	4-a	5-a	6-a	7-a	8-a	9-a	10-a	11-a	12-a
Level	0.026 (0.136)	2.558 (1.821)	0.075 (0.138)	2.819 (1.828)	0.079 (0.145)	2.356 (1.866)	0.048 (0.14)	2.462 (1.825)	0.049 (0.147)	2.330 (1.856)	0.026 (0.146)	2.711 (1.844)
Year	yes	yes	yes	yes	yes	yes	yes	yes	yes	yes	yes	yes
常数	2.536* (1.100)	17.314 (15.095)	2.347* (1.123)	12.018 (15.251)	3.148** (1.133)	18.584 (15.118)	2.715* (1.146)	19.508 (15.337)	3.286** (1.205)	20.482 (15.832)	3.885*** (1.090)	16.465 (14.601)
调整 R 方	0.436	0.391	0.435	0.397	0.390	0.392	0.407	0.393	0.373	0.393	0.366	0.392

说明：$+p < 0.1$，$*p < 0.05$，$**p < 0.01$，$***p < 0.001$；括号内为标准误 S.E.。

表 6.5　政治负担在党组织治理与社会效益之间中介作用检验结果

因变量	Burden	CSR	Burden	CSR	Burden	CSR	Burden	CSR	Burden	CSR	Burden	CSR
模型	1-b	2-b	3-b	4-b	5-b	6-b	7-b	8-b	9-b	10-b	11-b	12-b
Pardir	1.857* (0.767)	0.380 (6.875)										
Parsup			1.374+ (0.749)	8.564 (6.488)								
Parman					0.330 (0.445)	-0.738 (3.781)						
Party							2.213+ (1.136)	-4.399 (9.967)				
Parchair									0.165 (0.356)	-1.369 (3.009)		

续表

因变量	Burden	CSR	Burden	CSR	Burden	CSR	Burden	CSR	Burden	CSR	Burden	CSR
模型	1-b	2-b	3-b	4-b	5-b	6-b	7-b	8-b	9-b	10-b	11-b	12-b
Vice												1.484 (2.515)
Burden		7.728* (2.784)		1.808* (0.87)		2.032* (0.865)		2.095* (0.878)		2.038* (0.863)		2.022* (0.861)
LnSize	0.621*** (0.169)	0.111 (1.567)	0.660*** (0.177)	0.816 (1.613)	0.588** (0.175)	0.028 (1.566)	0.641*** (0.173)	-0.106 (1.594)	0.573*** (0.173)	-0.002 (1.543)	0.653*** (0.116)	-0.026 (1.541)
Growth	-0.010 (0.320)	7.728* (2.784)	-0.151 (0.32)	7.556* (2.73)	-0.111 (0.326)	7.659* (2.761)	-0.038 (0.323)	7.529** (2.778)	-0.114 (0.327)	7.558** (2.768)	0.715** (0.219)	7.531* (2.763)
LnAge	0.171 (0.296)	-1.179 (2.582)	0.088 (0.296)	-0.884 (2.522)	0.067 (0.302)	-1.273 (2.555)	0.092 (0.295)	-1.318 (2.543)	0.083 (0.315)	-1.586 (2.664)	-0.680** (0.203)	-0.969 (2.560)
Politic	0.496+ (0.271)	-3.380 (2.402)	0.665* (0.286)	-2.361 (2.502)	0.513+ (0.279)	-3.374 (2.401)	0.538+ (0.274)	-3.458 (2.405)	0.509+ (0.28)	-3.309 (2.404)	-0.003 (0.190)	-3.626 (2.433)
Level	0.808*** (0.209)	1.016 (1.958)	0.846*** (0.214)	1.483 (1.962)	0.833*** (0.220)	0.914 (2.000)	0.833*** (0.212)	0.871 (1.968)	0.817*** (0.220)	0.819 (1.986)	0.026 (0.146)	1.183 (1.966)
Year	yes	yes	yes	yes	yes	yes	yes	yes	yes	yes	yes	yes
常数	-7.156** (1.689)	39.578* (16.017)	-6.984*** (1.745)	30.701* (16.057)	-6.121*** (1.719)	40.971* (15.499)	-7.027*** (1.734)	43.025* (16.153)	-6.063*** (1.807)	43.111** (16.144)	3.885*** (1.090)	39.63* (14.564)
调整 R 方	0.274	0.390	0.256	0.401	0.234	0.391	0.259	0.391	0.231	0.296	0.230	0.392

说明：+$p < 0.1$，*$p < 0.05$，**$p < 0.01$，***$p < 0.001$；括号内为标准误 S.E.。

表 6.6 制度环境在党组织治理与社会效益之间的调节作用回归结果

因变量	CSR	CSR	CSR	CSR	CSR	CSR
模型	1-c	2-c	3-c	4-c	5-c	6-c
Pardir	51.102 (35.150)					
Parsup		37.363 (37.033)				
Parman			35.788 (24.031)			
Party				68.104 (56.741)		
Parchair					−11.224 (14.235)	
Vice						−13.315 (15.121)
Marketization	2.965* (1.298)	1.890 (1.006)	3.165* (1.323)	3.106* (1.516)	0.601 (1.550)	1.044 (0.897)
Pardir × Marketization	−5.764 (4.193)					
Parsup × Marketization		−3.526 (4.626)				
Parman × Marketization			−4.218 (2.990)			
Party × Marketization				−8.341 (6.977)		
Parchair × Marketization					1.219 (1.724)	
Vice × Marketization						1.819 (1.877)
LnSize	2.352 (1.592)	2.259 (1.541)	2.925 (1.765)	2.153 (1.616)	1.204 (1.486)	1.757 (1.550)
Growth	6.796* (2.815)	6.814* (2.772)	6.401* (2.793)	6.328* (2.841)	6.767* (2.832)	6.081* (2.858)
LnAge	−1.910 (2.677)	−1.734 (2.647)	−2.580 (2.669)	−2.638 (2.694)	−2.331 (2.804)	−1.553 (2.702)
Politic	−2.160 (2.368)	−1.056 (2.452)	−2.733 (2.413)	−2.282 (2.387)	−2.114 (2.405)	−2.771 (2.484)
Level	1.285 (1.909)	2.149 (1.885)	1.126 (1.985)	1.219 (1.944)	1.981 (1.997)	2.467 (1.983)
Year	yes	yes	yes	yes	yes	yes
常数	−2.303 (20.267)	5.108 (17.026)	−6.510 (21.893)	1.462 (20.893)	29.459 (19.746)	17.638 (14.743)

续表

模型	1-c	2-c	3-c	4-c	5-c	6-c
调整 R 方	0.324	0.328	0.325	0.319	0.314	0.317

说明：$+p < 0.1$，$*p < 0.05$，$**p < 0.01$，$***p < 0.001$；括号内为标准误 S.E.。

表 6.7　冗余资源调节作用的回归结果

因变量	CSR	CSR	CSR	CSR	CSR	CSR
模型	1-d	2-d	3-d	4-d	5-d	6-d
Pardir	88.474 (103.560)					
Parsup		200.455+ (106.24)				
Parman			45.911 (48.552)			
Party				253.785+ (144.152)		
Parchair					−9.864 (36.034)	
Vice						−19.006 (29.934)
LnSlack	6.856** (2.071)	6.466*** (1.504)	6.717*** (1.807)	8.975*** (2.321)	5.016 (2.649)	4.827** (1.799)
Pardir × LnSlack	−7.275 (8.561)					
Parsup × LnSlack		−15.937+ (8.781)				
Parman × LnSlack			−3.862 (3.998)			
Party × LnSlack				−21.303+ (11.914)		
Parchair × LnSlack					0.744 (2.979)	
Vice × LnSlack						1.594 (2.461)
LnSize	−1.326 (1.800)	−0.992 (1.659)	−2.030 (1.628)	−1.560 (1.661)	−2.106 (1.618)	−2.035 (1.601)

续表

模型	1-d	2-d	3-d	4-d	5-d	6-d
Growth	5.077+ (2.731)	6.908* (2.804)	4.779+ (2.706)	4.702+ (2.687)	5.216+ (2.823)	4.878+ (2.713)
LnAge	1.972 (2.559)	1.468 (2.496)	2.260 (2.594)	2.394 (2.524)	1.721 (2.731)	2.123 (2.585)
Politic	−2.115 (2.277)	−2.018 (2.356)	−2.007 (2.258)	−2.634 (2.264)	−1.694 (2.278)	−1.887 (2.290)
Level	0.954 (1.799)	1.342 (1.775)	0.810 (1.838)	0.804 (1.777)	0.673 (1.836)	0.618 (1.866)
Year	yes	yes	yes	yes	yes	yes
常数	−40.050 (31.060)	−38.503 (19.424)	−32.597 (24.015)	−63.552* (31.790)	−9.370 (32.632)	−9.537 (21.839)
调整 R 方	0.389	0.415	0.391	0.405	0.385	0.387

说明：$+p < 0.1$, $*p < 0.05$, $**p < 0.01$, $***p < 0.001$；括号内为标准误 S.E.。

五、稳健性检验

本研究采用两种方法进行稳健性检验：第一，增加 2013—2014 年的 2 年样本量；第二，采用当期数据进行分析。两种检验结果与前期结果一致。

第五节　结论与讨论

在我国，党组织一直都是传媒企业（组织）内部重要的治理机构，而"把社会效益放在首位，实现社会效益和经济效益相统一"是当前国有传媒企业经营的重要指导性原则。本研究以国有传媒上市公司为样本，首次从"双向进入、交叉任职"的党组织治理实践路径出发，讨论党组织对国有传媒企业社会效益的影响及其机制，试图为提高党组织治理绩效提供经验证据。

首先，党组织治理是否在国有传媒企业社会效益的实现中发挥作用这个问题一直未得到应有的关注，而事实上"党性"与"人民性"的统一使得党组织参与国有传媒企业治理必然肩负提升社会效益的任务。本研究结果显示，党委会与监事会"双向进入"有助于提高国有传媒企业社会效益，党组织主要通过发挥监督作用来推动国有传媒企业社会效益的实现。

但是，董事长、副董事长与党委书记、副书记的"交叉任职"并未对国有传媒企业社会效益产生显著影响。其原因可能是，虽然在"党管干部"原则下，"交叉任职"被视为保证党组织政治核心与领导地位的重要机制，但由于"不相容职务未分离"以及职责边界不清，党组织治理并未发挥出应有的作用。正如一位国有传媒集团高管提及的："集团每年对我的考核包括党建、队伍建设、经营指标等，党委书记也要考核经营指标。而且我现在一肩挑（总监兼任党支部书记），其实也就存在针对书记的单独考核，现在都是党政同责。"[1]对相当一部分国有传媒企业"一把手"或"二把手"而言，尽管兼任管理职务和党内职务，但其更倾向于认为自己是经营管理者。

其次，本研究进一步从资源支持与政治负担的视角切入，探索党组织治理对国有传媒企业社会效益的作用机制。研究结果显示，资源支持与政治负担的中介效应均不存在，原因可能在于，在"政治家办报"理念的影响下，承担社会责任、提高社会效益成为国有传媒企业必须履行的事项。

最后，对制度环境和冗余资源调节效应的分析发现，制度环境对党组织参与监事会治理与国有传媒企业社会效益之间关系的调节作用并不显著。一个可能原因是，社会效益如媒体社会责任的提升是一个长期过程。事实上，不仅市场化制度改革在中国的历程并不长，而且媒体应同时追求经济绩效和社会绩效的说法在21世纪初才出现，因此，制度环境调节效应的出现仍需时间。

但是，冗余资源不仅对国有传媒企业社会效益具有正向显著影响，而且在党组织治理与国有传媒企业社会效益的关系中发挥着负向调节的作用，说明冗余资源越多，党组织参与企业治理对企业社会效益的影响越小。这也在一定程度上说明，我国国有传媒企业在长久以来的发展中具有了服务公共利益与履行社会责任的基因，而当企业资源足够丰富时，这些国有传媒企业会具有更强的为公共利益服务的动力。

本研究对国有传媒企业中党组织治理的现状、影响及作用机制进行了初步探索，但依然存在一些局限及可拓展空间：一是出于数据可得性的考虑，本研究样本仅限于国有传媒上市公司，因此，数据来源较为单一，样本量规模也较为有限。二是本

---

[1] 访谈时间：2020年10月29日。

研究主要以党委会与董事会、监事会、经理层的重合程度以及党委书记与董事长的兼任情况作为党组织治理的测量指标,而在实践中,党组织参与企业治理是多途径与多维度的,比如党组织的勤勉程度、党组织在重大决策中的干预力度等都可作为测量指标,[1] 但由于企业信息披露有限,本研究并未得到相关数据,也未能就这些议题展开研究。未来的研究可以使用问卷调查、案例研究、深度访谈等方法更加全面、深入地揭示党组织治理对国有传媒企业的影响机制。

---

[1] CHANG E C, WONG S M L. Political control and performance in China's listed firms[J]. Journal of comparative economics, 2004, 32(4): 617-636.

第七章

主要发现与政策建议

改革开放以来，我国传媒机构经历了诸多改革，从广告发行重启带动经营分配环节实现突破，到采编与经营的剥离推动了内部运作机制改革，再到报业集团、广电集团的组建引发了产业结构嬗变，以及21世纪以来新一轮文化体制改革对培育市场主体的强调，使中国传媒机构朝向市场化、企业化与商业化方向不断迈进。在当下，建立现代企业制度成为已经进行转型的国有传媒企业的主要目标，而这一主要目标的核心内容便是企业治理结构的建设。

另外，党的十八大以来，以习近平同志为核心的党中央多次提出和强调要坚持和加强党的领导，并在深化国有企业改革的相关政策与文件中进一步表述为，把加强党的领导和完善公司治理统一起来，明确国有企业党组织在公司法人治理结构中的法定地位，这对正在进行或新近完成转企改制的国有传媒企业提出了新的要求。

于是，如何在现代企业制度建设特别是企业治理结构中明确党组织的角色、职能，以及如何协调其与其他治理主体之间的关系，以便继续落实党管媒体原则又避免陷入党媒不分困境就成为当下传媒业改革与发展的重要理论和实践命题。

在此背景下，本研究从我国特有的国有传媒企业制度安排和治理特征出发，力图探究在国有传媒企业治理中，党管媒体原则如何通过党组织治理落实于具体实践中，又对国有传媒企业治理水平、经济绩效与社会绩效产生了何种作用和影响，存在哪些治理优势与不足，以此形成对党管媒体原则在国有传媒企业治理中的实践路径及效应的全面深入认识，为国有传媒企业有效落实党管媒体原则，发挥党组织治理作用，以及改革与完善国有传媒企业治理提供对策建议。

第一节　主要研究结论

一、传媒企业治理中的政党因素

本研究通过对"治理"内涵与理论脉络的梳理，指出在企业治理理论正在由股东至上理论向利益相关者理论过渡的背景下，政党因素应被纳入对中国传媒企业治理的研究范畴。

首先，本研究梳理了"治理"的内涵，指出"治理"在中国的应用范围相对集中，主要呈现为两种研究路径：其一，宏观层面基于政治学与公共管理学领域的治理理论研究路径；其二，微观层面基于经济学与企业管理领域的企业治理研究路径。而企业治理可被看作治理理论在经济学领域的具体应用。

其次，对于中国传媒机构而言，"企业治理"与"治理结构"的提出彰显了一场新的传媒革命的到来，显示出在文化体制改革背景下重塑市场主体与建立现代企业制度的传媒改革目标。而在企业治理理论正在由股东至上理论向利益相关者理论过渡的背景下，考虑到媒体的政治与意识形态属性，以及作为执政党的中国共产党是最高的政治领导力量的独特情况，我们研究中国传媒企业（组织）治理结构，理所当然地把政治因素纳入其中。

二、党组织治理方式的适应性调整

本研究深入考察了市场化改革背景下党管媒体原则的实践路径转型，并指出国有传媒企（事）业中党组织治理方式正走向内嵌式治理。

本研究对国有传媒企业治理中党管媒体原则的实践路径进行了梳理，通过回顾国有传媒企（事）业中党组织治理的演变历程，指出中国共产党的治国理政方式发生了较大转变，过渡到了"以法治国""依法治国"，传媒机构也经历了从"事业单位，企业化管理"到"分类管理""转企改制"的变革。在此背景下，党管媒体原则在传媒企业（组织）中的实践路径也发生了较大转变，党组织参与传媒企业（组织）治理的制度安排的演进历程大致可划分为三个阶段。第一阶段：中华人民共和国成立至1978年党的一元领导阶段；第二阶段：改革开放后至21世纪初，党委会与"新三会"双轨治理初步形成；第三阶段：2003年新一轮文化体制改革开启后，经营型媒体从事业单位转型为企业机构，在建设现代企业制度的过程中我国将党委领导与法人治理结构相结合。随着市场化改革的推进与传媒体制改革的深入，现代公司治理成为国有传媒企业制度建设题中应有之义，党组织在企业（组织）层面的领导方式也从"一元化"领导走向"双向进入、交叉任职"的内嵌式领导。

三、党组织治理的三重角色

本研究通过质性与量化相结合的实证研究方法,发现党组织治理在国有传媒企业中扮演着三重角色:作为监督力量的政党;作为扶持之手的政党;提供资源支持的政党。

本研究结合2018—2020年间我们对国有传媒企业经营管理者的深度访谈,并以国有传媒上市公司为样本,首次从"双向进入、交叉任职"的党组织治理实践路径出发,讨论党组织对国有传媒企业治理水平、经济绩效与社会效益的影响,发现党组织治理在其中扮演了三重角色:作为监督力量的政党、作为扶持之手的政党与提供资源支持的政党。这为我们理解政党与媒体之间关系提供了来自微观传媒企业层面的线索。

(一)作为监督力量的政党

党组织参与企业治理对国有传媒企业治理水平的影响的实证研究结果显示,党委会、董事会与监事会的"双向进入"能有效提高国有传媒企业的治理水平,说明党组织主要通过发挥决策权与监督权来提高传媒企业治理水平。研究还发现,党委会能通过与监事会和经理层的"双向进入"有效降低代理成本,进而提高国有传媒企业治理水平。而且,随着制度环境的完善,党委会与经理层"双向进入",更难以通过降低代理成本提高治理水平。可能的原因在于,在市场经济较为发达、党和政府介入较少的地区,国有传媒企业法人治理结构更加完善,党组织治理对企业而言,作用并不明显;而在市场经济不太发达、党和政府介入程度较高的地区,国有传媒企业中的"内部人控制"问题更加严重,因此,党组织治理能更加有效地发挥作用。

(二)作为扶持之手的政党

党组织参与企业治理对国有传媒企业经济绩效和社会效益的影响的实证研究结果显示,党委会与董事会、监事会、经理层的"双向进入"能有效提高国有传媒企业经济绩效,党委会与监事会的"双向进入"有助于提高国有传媒企业社会效益,党组织治理在国有传媒企业发展中主要起到了"扶持之手"的作用。结合董事会、经理层与监事会在公司治理中分别肩负着决策权、执行权与监督权,可以得知,党组织通过行使决策权、执行权和监督权来提高国有传媒企业的经济绩效,而主要通过行使监督权来推动国有传媒企业服务社会公众。

(三) 提供资源支持的政党

实证研究结果还显示，党组织治理的确能为国有传媒企业带来更多拨款、税费优惠等资源。这些资源的获得又进一步推动了国有传媒企业经济绩效的实现。这些研究发现意味着党组织治理更多地作为一种资源支持而非政治负担进入国有传媒企业的运营环节，而政治任务在更多时候成为国有传媒企业获取更多政治资源的借口与依据。并且，党组织治理对国有传媒企业经济绩效的影响存在明显的异质化特征。这种异质化体现为在不同制度环境中，党组织的作用不尽相同：在制度环境较差的地区，党组织治理对国有传媒企业经济绩效的影响较大；在制度环境较好的地区，党组织治理对国有传媒企业经济绩效的影响并不大，而且制度环境的改善也会对党组织监督权的发挥有替代效应。

但是，值得注意的是，董事长、副董事长与党委书记、副书记的"交叉任职"并未对国有传媒企业治理水平、经济绩效与社会效益产生显著影响。其原因可能是，一方面，在"党管干部""党管人才"的原则下，"交叉任职"被视为保证党组织政治核心与领导地位的重要机制，但是，由于"不相容职务未分离"以及职责边界不清，出现了诸如"自己监督自己"或"自己是自己的上下级"的问题，这使得党组织治理并未发挥出应有的作用。另一方面，对相当一部分国有传媒企业"一把手"或"二把手"而言，尽管兼任管理职务和党内职务，但其更认为自己是经营管理者。

第二节 政策建议

基于前期理论分析和实证研究结果，充分考虑国有传媒企业的属性及条件，本研究提出以下政策建议。

第一，虽然传媒体制改革的目标是将传媒企业塑造为独立的市场主体，建立完善的传媒市场机制，但在这一目标尚未完全实现之时，也应重视党组织治理在国有传媒企业中的积极作用，充分利用党组织治理所能带来的政党资源推动国有传媒企业发展。另外，作为制度环境建设的参与者，国有传媒企业也应积极参与推动传媒市场化和法治化发展的行动，这样才能更有效地为各种类型的传媒企业提供公平、完善的市场竞争环境。

第二，党的领导与企业治理结构的融合需要健全的制度体系作为保障，特别是面对党组织融入企业治理结构后会存在多重身份之间职责不清等问题时，更加需要通过制度建设来明确与细化不同岗位的职责定位，建立科学的面向不同岗位职责的综合绩效考核体系并强化问责机制。同时，在习近平强调将"党组织内嵌到公司治理结构之中"的要求下，一些学者提出的将"企业重大事项党委会先议作为公司董事会决策的前置程序"也可以作为解决党委会与企业治理机构之间边界不清问题的可行性方案。

第三，中国特色社会主义最本质特征与最大优势是中国共产党的领导。党组织在媒体中的政治核心与领导地位长期保持不变，党组织治理也就成为国有传媒企业治理的重要特色。传媒制度改革与产业研究中，应关注到党组织在传媒实践中的重要作用，为党组织有效发挥其政治核心与领导作用提供微观证据，也为调节政党与媒体之间的关系提供中国经验和证据。

参考文献

常永新.传媒管制与传媒集团公司治理模式的构建[J].南开管理评论,2003(1):56-61.

陈德金.公司治理与传媒集团双边治理模式的构建[J].现代管理科学,2010(10):76-78.

邓绍根."党媒姓党"的理论根基、历史渊源和现实逻辑[J].新闻与传播研究,2016,23(8):5-14,126.

丰纯高.完整准确地理解马克思主义新闻观[J].中国记者,2004(11):16-18.

郭全中.传媒集团公司治理机制设计研究[J].传媒观察,2008(6):12-14.

郭全中.非时政类报刊出版单位转企改制研究[J].新闻记者,2012(5):11-16.

郝君富.政治关联与公司价值国内外研究新进展[J].西南金融,2010(10):16-18.

杭敏,皮卡德.西方传媒公司治理问题初探[J].新闻记者,2013(5):89-92.

杭敏,皮卡特.西方传媒的公共利益与商业利益冲突及影响[J].新闻记者,2011(11):46-50.

胡正荣,李继东.我国媒介规制变迁的制度困境及其意识形态根源[J].新闻大学,2005(1):3-8.

胡锦涛,在人民日报社考察工作时的讲话[N].人民日报,2008-06-21(1).

胡旭阳.民营企业的政治关联及其经济效应分析[J].经济理论与经济管理,2010(2):74-79.

黄文锋,张建琦,黄亮.国有企业董事会党组织治理、董事会非正式等级与公司绩效[J].经济管理,2017,39(3):6-20.

黄旦,邬晶晶,陈静静.中国"报业集团化"话语分析:加入WTO前后——从报业和报业管理部门的角度分析 [J]. 新闻大学，2003(3)：11-16.

江泽民. 高举邓小平理论伟大旗帜 把建设有中国特色社会主义事业全面推向二十一世纪——在中国共产党第十五次全国代表大会上的报告 [N]. 人民日报，1997-09-22(1).

江泽民. 全面建设小康社会 开创中国特色社会主义事业新局面———在中国共产党第十六次全国代表大会上的报告 [N]. 人民日报，2002-11-09(2).

孔祥军. 传媒业的企业化运行与信用再造——现代企业制度结构的视野 [J]. 新闻界，2003(2)：21-23.

李向阳. 论通向分类运营的政策创新 [J]. 现代传播（中国传媒大学学报），2011(3)：1-10.

龙军. 党管媒体的理论基础和实践探索 [J]. 中国报业，2014(6)：55-56.

李维安，常永新. 中国传媒集团公司治理模式探析 [J]. 天津社会科学，2003(1)：75-79.

周林彬，李胜兰. 我国民营企业产权法律保护思路刍议——一种法律经济学的观点 [J]. 制度经济学研究，2003(2)：17.

李清均. 关于存续企业改革的思考 [J]. 黑龙江省社会主义学院学报，2004(1)：37-40.

梁能. 公司治理结构：中国的实践与美国的经验 [J]. 中国人民大学学报，2000(4)：25.

刘伯高. 新媒体条件下党管媒体的环境适应性研究 [J]. 山西大学学报（哲学社会科学版），2012，35(4)：139-144.

刘明. 互联网时代坚持党管媒体原则的若干思考 [J]. 中共福建省委党校学报，2015(8)：42-48.

刘年辉. 中国报业组织治理机制演进及目标模式 [J]. 国际新闻界，2009(11)：92-95.

马勇进. 对党的执政方式现代化的思考 [J]. 青海社会科学，2004(6)：8-11.

钱颖一. 企业的治理结构改革和融资结构改革 [J]. 经济研究，1995(1)：20-29.

秦德君. "执政方式"与"领导方式"：一种政治学的规范分析 [J]. 云南行政学院学报，2003(2)：28-31.

芮必峰. 媒体与宣传管理部门的权力关系——以"命题作文"为例 [J]. 新闻大学，

2011(2)：27-32

宋建武．我国传媒业规范转制的路径选择[J]．新闻爱好者，2012(3)：4-7．

孙立平，王汉生，王思斌，等．改革以来中国社会结构的变迁[J]．中国社会科学，1994(2)：47-62．

时统宇．列宁正式创立了新闻工作的党性原则[J]．新闻知识，1994(10)：15-17．

唐晓清，齐文学．论党的领导方式、执政方式的改革和创新[J]．辽宁行政学院学报，2002(6)：71-72．

陶细泉．中国广播电视集团运营的关键——有效治理结构[J]．南方电视学刊，2005(2)：3．

童兵．中国共产党党管报纸的制度构建及其改革[J]．兰州大学学报(社会科学版)，2011，39(4)：1-5．

童兵．用马克思主义新闻观指导和推进新闻改革[J]．当代传播，2014(1)：1．

田志龙，高勇强，卫武．中国企业政治策略与行为研究[J]．管理世界，2003(12)：98-106，127-156．

王声平．传媒业产权的多元化改革[J]．当代传播，2006(3)：43-45．

王元芳，马连福．国有企业党组织能降低代理成本吗？——基于"内部人控制"的视角[J]．管理评论，2014，26(10)：138-151．

魏永征．中国媒介管理法制的体系化——回顾媒介法制建设30年[J]．国际新闻界，2008(12)：75-80．

吴文锋，吴冲锋，刘晓薇．中国民营上市公司高管的政府背景与公司价值[J]．经济研究，2008(7)：130-141．

朱平．论党的主张与国家意志的统一[J]．江西社会科学，2003(7)：132-133．

杨瑞龙，周业安．相机治理与国有企业监控[J]．中国社会科学，1998(3)：4-17．

叶皓．新时期党管媒体原则的与时俱进——学习李长春同志"三善论"的体会[J]．中国广播电视学刊，2010(3)：5-8．

殷琦．1978年以来中国传媒体制改革观念演进的过程与机制——以"市场化"为中心的考察[J]．新闻与传播研究，2017，24(2)：104-117，128．

尹连根，刘晓燕．"姿态性融合"：中国报业转型的实证研究[J]．新闻与传播研究，2013，20(2)：99-112，128．

尹世昌．报业集团：从现代产权制度到建立法人治理结构[J]．山东理工大学学报

（社会科学版），2004(6)：108-111.

尹明华.简单，是最好的——关于报业集团治理结构的思考[J].传媒观察，2006(1)：8-10.

喻国明.当前中国传媒业发展客观趋势解读[J].现代传播（中国传媒大学学报），2004(2)：1-5.

郑保卫.中国共产党新闻思想形成和发展的背景与条件[J].当代传播，2005(3)：8-11.

郑保卫.论马克思的人民报刊思想与党报思想[J].中国广播电视学刊，1992(3)：3，9-15，26.

张敏，王成方，刘慧龙.冗员负担与国有企业的高管激励[J].金融研究，2013(5)：140-151.

赵中颉.列宁新闻思想简论[J].西南政法大学学报，2002(3)：3-14.

周劲.传媒治理结构：制度分析与实证研究[J].现代传播（中国传媒大学学报），2005(4)：51-54.

朱春阳，李琳.面对传媒改革：存量改革的路径规划与战略反思——兼评周劲博士的《传媒治理：理论与模式的中国式建构》[J].中国出版，2009(1)：21-23.

朱平.论党的主张与国家意志的统一[J].江西社会科学，2003(7)：132-133.

朱昌裕.论党在国有企业领导体制中的地位和作用[D].长春：东北师范大学，2003.

CROTEAU D, HOYNES W. The business of media: corporate media and the public interest[M]. California: SAGE Publications, 2005.

PREACHER K J, HAYES A F. Asymptotic and resampling strategies for assessing and comparing indirect effects in multiple mediator models[J]. Behavior research methods, 2008, 40(3): 879-891.

SHLEIFER A. State versus private ownership[J]. Journal of economic perspectives, 1998, 12(4): 133-150.

后 记

学术研究与写作犹如一段旅程。与本书相关的这段旅程的开启，和我博士期间形成的研究兴趣息息相关。在博士阶段，我便开始从传媒企业（组织）治理这一视角出发，思考中国传媒体制改革问题。事实上，改革开放以来，中国传媒体制改革与发展中一个非常重要的现象就是市场化改革与党管媒体原则的相伴而行。于是，当我在2016年准备申报国家社科基金时，最初浮现于脑海中的便是关注党管媒体原则在传媒企业治理中的实践议题。非常幸运，课题获得了立项，我也自此正式踏上了这段学术之旅，而本书即这段旅程的收获。

在本书的写作旅途中，我与一些新闻媒体主管部门和媒体机构负责人深入地探讨了中国传媒体制改革与传媒企业治理的过去、现在与未来，更加切实地感受到中国媒体实践的独特与复杂。而当为本书敲下最后一个句号时，我既心生欢喜、又如释重负，也恋恋不舍。这段旅程的结束也意味着下一段旅程的开始，我也期待着遇见更多的人、领略更精彩的风景。

在本书出版之际，我想对所有关心、帮助我的人表达由衷的感谢！

感谢我尊敬的导师张昆教授。我非常感恩与庆幸能在学生时代遇见这样一位睿智、宽厚、随和的师长，并成为他的博士生。无论是在我学习期间，还是工作之后，张昆老师总是给予我鼓励和肯定，让我对自己充满信心。每当我遭遇难题或困惑时，他也总是竭尽所能地给予我帮助。本书框架的形成得到张昆老师的点拨与启发，行文与论证也受益于他的建议。张昆老师教授我做人、做事、做学问的道理，让我终身受益。

感谢我亲爱的家人。感谢我的父母与爱人对我这份工作与爱好的包容与理解。我的生活作息非常不规律，心情也时常因写作进展忽快忽慢而忽好忽坏，而桌前的热茶、温暖的言语与默然的陪伴让我感受到家人的爱和支持，也让拥有后盾的我能在学术这条道路上勇往直前。特别要感谢我的女儿，自这本书的起笔到收尾，她从咿咿呀呀的小婴儿出落成了天真烂漫的小姑娘，她会在放学回家后叽叽喳喳地和我分享在学校的见闻以及她的每一点进步，大声告诉我"你应该为我骄傲"。这种朝气蓬勃给我带来巨大能量，我也希望自己成为一个能让她骄傲的妈妈。

感谢我的博士生李晓霞。我们既是师生，又是"战友"，相互支持、共同成长。本书的部分前期工作，如国有传媒公司数据的收集和整理工作很多是由她帮忙完成。在我进入本书写作的关键时段，她也正在撰写博士论文，我们时常沟通想法、交换意见、彼此打气。现在她已顺利毕业，成为闽江大学的一位教师，期待她能有所成就。

感谢厦门大学新闻传播学院。自博士毕业奔赴厦大的这十余年间，我也从一名学生成长为一名教师、一名独立的科研工作者。在这里，我遇到了和蔼可亲的领导、热情友善的同事，更拥有了志同道合的知心好友，能安心且自由地做自己感兴趣的研究。本书的出版也离不开他们的支持与鼓励。

最后，感谢中国传媒大学出版社社长张毓强教授以及本书的编辑老师们。正是由于他们的耐心与帮助，本书得以出版，将我的所思所想以这种方式呈现于读者面前。

因个人学识与经验有限，本书仍存诸多不足，请各位专家、读者指正！

殷琦

2023 年 5 月 6 日

图书在版编目（CIP）数据

党管媒体原则在国有传媒企业治理中的实践路径及效应研究/殷琦著. — 北京：中国传媒大学出版社，2023.8
ISBN 978-7-5657-3391-8

Ⅰ.①党… Ⅱ.①殷… Ⅲ.①出版业—企业管理—研究—中国 Ⅳ.①G239.2

中国国家版本馆CIP数据核字(2023)第018560号

党管媒体原则在国有传媒企业治理中的实践路径及效应研究
DANGGUAN MEITI YUANZE ZAI GUOYOU CHUANMEI QIYE ZHILI ZHONG DE SHIJIAN LUJING JI XIAOYING YANJIU

著　者	殷　琦
策划编辑	曾婧娴
责任编辑	裴向敏
封面设计	风得信设计·阿东
责任印制	李志鹏

出版发行	中国传媒大学出版社			
社　　址	北京市朝阳区定福庄东街1号	**邮　编**	100024	
电　　话	86-10-65450532　65450528	**传　真**	65779405	
网　　址	http://cucp.cuc.edu.cn			
经　　销	全国新华书店			
印　　刷	唐山玺诚印务有限公司			
开　　本	787mm×1092mm　1/16			
印　　张	12.75			
字　　数	228千字			
版　　次	2023年8月第1版			
印　　次	2023年8月第1次印刷			
书　　号	ISBN 978-7-5657-3391-8 / G·3391	**定　价**	65.00元	

本社法律顾问：北京嘉润律师事务所　郭建平